未来如何工作

Future Jobs

——解决就业与技能危机

Solving the Employment and Skills Crisis

[美]爱德华·E. 戈登（Edward E. Gordon）著

荣四才 译

中国劳动社会保障出版社

图书在版编目(CIP)数据

未来如何工作/（美）爱德华·E. 戈登（Edward E. Gordon）著；荣四才译. —北京：中国劳动社会保障出版社，2016

书名原文：Future Jobs

ISBN 978-7-5167-2350-0

Ⅰ.①未… Ⅱ.①爱…②荣… Ⅲ.①职业选择 Ⅳ.①C913.2

中国版本图书馆 CIP 数据核字(2016)第 225625 号

中国劳动社会保障出版社出版发行

（北京市惠新东街 1 号　邮政编码：100029）

*

北京市白帆印务有限公司印刷装订　　新华书店经销

787 毫米×1092 毫米　16 开本　11.5 印张　169 千字

2016 年 10 月第 1 版　　2021 年 1 月第 2 次印刷

定价：32.00 元

读者服务部电话：(010) 64929211/84209101/64921644

营销中心电话：(010) 64962347

出版社网址：http://www.class.com.cn

“《未来如何工作》为今后几年在美国获得最好就业和职业绘制了路线图。另外，爱德华·戈登指出，我国教育体系目前培养出来的人才偏离了雇主日益需要的工人应掌握的技能。本书不仅有益于学生、家长和教育人士，而且更重要的是，也有益于那些正在输掉全球人才竞争的企业老板。最后，戈登列出了地区劳动力开发伙伴关系的一些实证，表明我们当下就有解决之道，能够提供对我国未来繁荣至关重要的技术培训。”

——威廉·鲍伊

大英百科全书集团执行副总裁

“《未来如何工作》这本书是我读过的对就业危机的判断最清晰、最切中要害的。该书的独特之处在于它不只是提出问题，还提出了现实的解决办法——对个人、对社区都是无价之宝。”

——亨利·J.（汉克）·林德伯格，博士

玛丽安大学

电气和电子工程师协会职业劳动力政策委员会前主席

“《未来如何工作》用一种特别易读易懂的方式，呈现了严重缺乏经过严格训练的商科、专业和建筑人才的情况。在当前技术更新越来越快的年代，戈登的书属于指出专业技能人才缺口越来越大问题的先趋，它呼吁大家行动起来，解决问题。美国企业界的领袖可以做到，他们拥有解决这一问题的资源。”

——莫利斯·贝什洛斯

商业新闻出版集团全球经济学家和分析师

“你为教育和就业事业提供志愿者服务。你还捐款捐物。读读《未来如何工作》，了解为什么你持续不断的贡献与扩大自己社区将来的人才储备、保持美国经济超级大国的实力息息相关。”

——佩姬·露丝

芝加哥地区商会副会长

“大家都在说技能工人缺口越来越大，但是没有人采取行动……现在不同了。在《未来如何工作》一书中，爱德华·戈登描述了21世纪职场需要的技能与我们20世纪的学校培养出来的毕业生掌握的技能之间越来越大的差距。他还报告了在缩减技能差距，加快经济增长方面大量的地方成功经验。这是在公开邀请大家在地方层面积极行动起来。配上领导人员，大家行动起来！”

——大卫·皮尔斯·施耐德

《未来主义者》杂志共同联合编辑

“戈登博士的书是唤醒世界的警钟。最近出现的人口和经济变化，不仅在美国而且在整个世界都永久地改变了格局。我们的学校教育与企业需要的技能两者之间，从来没有像现在这样存在如此巨大的差距。我们的教育体系失灵，培养出来的毕业生掌握的技能在社会上没有用武之地。同时，企业中许多岗位招不到人，因为找不到技能和才能相匹配的员工。他关于地区人才创新网络的研究和见地可能是让我们社会重新协调起来的唯一办法，重新赢回我们为世人所知的竞争优势。”

——乔治·弗科迪奇，博士

芝加哥康卡迪亚大学商学院院长

“如果你在意下一代人的经济未来，读读这本书。戈登发出了叫醒的呼声，我们该醒来了。《未来如何工作》包含了你需要了解的一切，从而参与到——真正参与到处理我们民族面临的最重大挑战的行动之中：通过投资于人民和技能来改变我们的经济。我们每个人迈出一小步，我们国家就会跨出一大步。这是成事之道，一直如此。”

——爱德·莫里逊

普渡大学地区经济发展顾问

“这是一本奇书，每个人都应该读一读！戈登博士引述了许多有关就业技能供求之间不匹配的信息，并且提出了解决教育到就业难题的办法。他注意到许多地区人才创新网络在培养人才迎接就业和技能危机方面所取得的成功。”

——帕特·耐罗·威克韦尔，博士

美国职业教育协会会长

“每个家长在自己第一个孩子上高中时，就应该读读这本书。该书将有助于大家做出明智决择，了解孩子们面临的就业机会和挑战以及如何帮助他们做出正确选择。”

——马丁·冯·瓦尔特斯科洗

美国瑞士贸易投资促进会地区主任

“爱德华·戈登在《未来如何工作》一书中不绕弯子。他迅速说明地方、国家和国际上劳动力挑战问题，并提出了多种现实的解决办法，将永久地改变个人的人生、企业和社区。”

——鲍勃·泽特勒

俄亥俄州里奇兰县劳动力顾问委员会委员

“爱德华·戈登是就业和劳动力方面的专家，他专注于就业危机，这种危机应该使我们所有人——雇主、教育人士，尤其是未来的工人，在深夜都保持清醒头脑。戈登说这是“新的就业时代”，职场要求的技术技能和教育大多数美国人没有掌握，学校也没有教。我们的经济和生活水平取决于我们是否能解决这个问题。戈登在《未来如何工作》中指明了方向。”

——里查德·朗格伍斯

芝加哥全球事务理事会资深研究员

“爱德华·戈登的《未来如何工作》为自己社区面临技能和就业失衡的教育人士、政府官员和企业领袖提出了真正的改革和增长路径。他专注于地区公私伙伴关系，展示了缜密的研究和相关的案例分析，为重振停滞的经济提出了实用指南意见。”

——戴尔·沃德

高中集团执行主任

“《未来如何工作》是爱德华·戈登典型的风格：直陈问题、呼唤行动，不会让人失望。该书着重描写了教育、企业和美国社会导致人才危机，以及解决危机我们应该承担的集体责任。戈登的研究全面、论点尖锐，列举了成功实例，激发大家开展急需的跨部门的集体对话。除非我们勇于面对我们自己创造出来的神话，认准我们重振社区和经济所需的知识和最佳做法，让公共教育有多元化的自由，保障支持创造力和创新至关重要的资源，否则，我们将再一次走向失败。”

——朱迪斯·蓬迪色尔，博士

南佛罗里达大学教育领导力和政策研究教授

“美国面临输掉全球企业战争的深重危机。《未来如何工作》不仅帮助你理解我们是如何陷入这种局面的，而且提出了一些关键的措施，你可以支持应对这种可怕的局面。我们国家能否生存下去，依赖于各个层面的人是否警醒，应对由于优先重点管理失误造成的危机局面。这本书价值连城，是我们国家需要的警钟。”

——乔伊斯·吉奥亚

海曼集团首席执行官

“可持续创造和吸引人才是经济发展的‘起点’。‘准备人才’已经替代‘准备挖人才’。几十年公私之间失去联系和短视导致我们大家都陷入到当前的人才危机，没有快速修补的办法。《未来如何工作》见地深刻，绘制了开展有效和立即合作的蓝图，为了个人和社区的生存必须采取行动。”

——维姬·霍根

红色优势公司总裁和首席执行官

“非常棒的一本书。爱德华·戈登运用地区人才创新网络解决当前的就业和技能危机。”

——保罗·米勒

SNR 丹顿律师事务所退休合伙人

“爱德华·戈登直击要害！将劳动力技能开发与 21 世纪新就业协调起来是经济成功的关键。”

——托马斯·弗拉万

加州棕榈泉科切拉山谷经济伙伴关系首席执行官

谨以此书献给我挚爱的姐姐玛里琳（Marilyn），我非常想念她。

前言

PREFACE

爱德华·E. 戈登（Edward E. Gordon）对美国劳动力市场当下和未来给出了全景式描述，有时令人触目惊心。在阅读过程中，我想起了温水煮蛙的格言。如果你把一只青蛙放进一锅滚水中，它会跳出来。但是，如果你把一只青蛙放进一锅冷水中，然后开始煮，后果对青蛙会很可怕。对戈登的分析解释得重一点，说明我们（工人、雇主、决策者和政治家）和青蛙一样，面对诸多信号，如技能差距拉大、危机后复苏缓慢、大多数工人工资长期保持不变或出现下滑的趋势、不平等加大以及教育体系失灵，都没有足够警醒。我们需要跳起来采取行动，因此我们现在要面对"人才悬崖"的可怕后果。

爱德华指出，已经发生了结构性变革。我们已经从计算机时代过渡到网络智能时代。作为跟踪沉闷科学（人们常常如此称呼经济学）职业的忠实成员，我接受过培训，要用渐进的方式看待世界。变革发生在边缘，不应该一下子出现结构性转折。所以，我对世界不会有很剧烈的看法。技术变革使技能的相对价格发生变化，市场会进行调节。我们现在看到的动荡仅仅是市场调节的结果而已。当然，我们这些边际派也不得不面对这样的事实，即结构变革已经发生——经济已经从农业转向工业，从工业转向以信息技术为主。在某些时段，我们必须承认，水已经煮开了，我们必须从锅里跳出来。

好的是，本书并不是恐怖小说。爱德华也为我们指出了获得快乐结局的出路，尽管他一开始就让我们不要对引进人才解决问题抱幻想。虽然引进人才可以是（非主流的）创可贴，他指出全球竞争与本国吸引力会限制这种做法的效力。相反，爱德华的政策药方在于劳动力市场中介组织，他称其为RETAINs（地区人才创新网络）。他给出了多个这种实体的例证。当然，行业性或地区性的劳动力市场中介组织已经存在好几年了［比如，参见吉洛特（Giloth）2004年《21世纪劳动力中介组织》（*Workforce Intermediaries for the Twenty-First Century*），天普大学出版社］。尽管一般很难对这些中介组织进行评估，人们还是常常认为它们很成功。在我头脑中的关键问题是，它们在多大程度上能应对爱德华所造词汇中的第三个词——创新所带来的挑战。以我对这些中介的观察和分析，我发现这些现存（我是否可以斗胆称之为维持现状的）组织的联营体不会轻易接受一些新观念、新挑战。不过，在爱德华所描述的合作体中，我相信他触及了可以推动创新的关键要素，这个要素就是有远见卓识的领导。

我有一两次机会研究区域性劳动力开发/经济开发合作体。在每次研究中，我都发现合作体的成功几乎都与领导者的才能密切相关。运用衡量成功的客观和主观标准，当存在精力充沛的领导，领导得到各位参与者尊重、有组织能力和出色的交际能力时，合作体就会兴旺。

爱德华一直是公司培训的学员和教员，他用撰写这本书的机会，再一次倡导实施理性、容易实现的政策调整，从而开始改进美国技能开发投资不足的状况。他提出，应该允许公司像折旧（固定）资产投资那样折旧在人力资本方面的投资。公司每季度都要有好的财务数据；面对不间断的压力，公司会将开支减至最少。允许在一段合理的时间内折旧培训投资，将培训的直接费用甚至培训参与人员的工资分散在多个季度中，可以改进当期季度的利润。这种简单的会计调整就可以鼓励公司立志培养自己的人才，而不是从竞争对手中抢人才。

我最后要提醒爱德华和读者们注意的一点是对人口和文化同一性的担忧。本书赞扬的几个例子很少需要考虑社会经济或文化的多样性问题，例如北达科他州和新加坡经济体、芬兰的教育体制。我断定在基础人才、他们的背景和能力存在很大区别时，会比处在相同状况下更难获得成功。我想在爱德华造的词汇中加入一点色彩，让它变成REDTAINs（地区多样性人才创新网络）。

读者们会发现爱德华从职业选择到技能缺口到人才悬崖到教育改革到称之为RETAINs的劳动力市场中介，这些描述都写得很好、论据充分、信息量大。以我对爱德华的了解，我怀疑他会愿意加上这个扎眼的形容词。我更怀疑他会乐见你渐进的刺激或者深度刺激。他只是不想你等到水煮开了。

凯文·荷伦贝克（Kevin Hollenbeck）
W. E. 安普约翰就业研究院

导 言

就业革命

未来的愿景应该决定当下的议程。[1]

——西蒙·佩雷斯（Shimon Peres），1994年诺贝尔和平奖致辞

过去20年，我著书写过企业界、政府和教育机构，也与他们都有合作，他们都面临技能与就业脱节越来越严重的问题。就业革命并未消散，它正对所有美国人和全球经济虎视眈眈。

以下是对一些工人和企业的速写。

简刚刚大学毕业，学的是通信。现在，她找不到能匹配自己学业的工作。

本高中时辍学，当了一名建筑工人，但在房产衰退的时候被解雇了。对于像本这样没有技能，也没怎么上学的人，几乎没有什么报酬高的好工作。

科迪在高中毕业后奋斗了十年，成了一名办公室经理。2010年，公司倒闭。尽管科迪修了几门大学商务课程，但她发现公司没兴趣招用她。

过去20年，何塞一直是一名信息技术程序员。现在，他失业了，因其缺乏最新的软件知识胜任当前的计算机职位。

罗伯特是一名航天企业的生产经理。他公司的飞机订单排到了这十年的最后一年。他找不到其他航天技术员来满足客户日益增多的订单，甚至找不到人取代正在退休的婴儿潮工人。更糟糕的是，罗伯特的零件分包商也无法找到高技能的技术工人。这些公司常常无法供应他生产需要的重要部件。

贝蒂是一家主要基金管理公司的客服副总裁，需要招聘大量的私人金融顾问，帮助婴儿潮一代评价他们退休账户分配计划。不过，她在最近毕业的金融专业的学生中招人越来越难。大多数求职者似乎缺乏口头和书面交流技巧，缺乏与客户开展咨询的动力。

这些速写情况表明，自从 20 世纪 80 年代以来，工人的资格与雇主要求的技能之间的差距一直在拉大。技术和世界各地企业的经营方式一直不断提升大多数岗位的知识水平要求。然而，从教育到就业的体系却没有变化。社区要求创造更多技能人才储备，我们对这一挑战没有理会。

社会总是会回避。如果大型的经济事件对个人没有影响，那么大多数人就不会改变自己的态度。只有大多数人都直接卷入到了这场涉及面越来越大的就业革命中，公众的观点才会发生转变。

但是，现在已经到了就业的拐点。如果仍旧维持当下这种没有起色的制度，美国就业市场的大量需求都不会找到劳动力供给。现在人才短缺的状况注定要恶化。

美国和整个世界都陷入一种结构性的劳动力市场竞赛，一方是高科技，另一方是人口和教育。在这场竞赛中，准备起步参赛的美国人太少了。这十年结束时，许多企业将招不到维系自身发展所需要的人才。

在世界各地，职工和企业都卷进了劳动力市场转轨时代。现在决定地方就业的主要因素是是否能马上找到高技能人才，而不是地理位置。在这个新的时代，各个企业、地区和国家经济的成败很大程度上取决于是否有能力寻得更多员工，他们在合适的时间拥有合适的技能满足劳动力市场的需要。

商界、政府和教育界的许多领导不去做急需的制度调整，仍然相信他们可以修复旧制度。“我们都以为我们知道一些事情毫无疑问是对的，但是它们常常是错的，只要我们还不放弃，它们就会妨碍我们新的理解。”《理性的乐观主义者》一书的作者马特·里德雷（Matt Ridley，*The Rational Optimist*，2011）如是说。[2]

很多人还不理解技术进步来得太快，劳动力市场和当下创造人才的体系还没有真正适应。人才问题是结构性的，也是系统性的。美国的企业会有大收获，因为找到了运用新技术的更好办法，但是还要满足一个条件：这些企业再次认识到在教育和培训方面投资的重要性，工人和学生都需要教育和培训来适应这个新的就业时代。[3]

以前，美国企业运用人才的两只安全阀来解决技能欠缺的问题：引进高知工人、输出高收入高技能的工作到能够招到技能人才的地方。这些人才安全阀现在开始失灵了，一部分原因是这也是国际就业—人才问题。世界经济论坛（2011年）预测这种缺乏关联的状况还会持续几十年，当前还不是全球人才短缺最糟糕的时候。[4]

对人才的需求和拥有合适技能工人的供给在全球各地都出现了失衡。日本、韩国和许多欧洲国家的人口在下降。印度和中国正在向更复杂的高科技制造业和信息服务业转轨。这两个国家都面临严重缺乏受过必要教育的工程师、科学家和技术员的局面，因为国家公共教育体系存在缺陷、高等教育机构水平不够。

在美国劳动力市场，一场重大的结构调整正在上演。尽管GDP上升了，失业率却没有下降，与新出现的就业机会不相匹配。为什么会这样？

美国劳动生产率在提高。在制造业和其他许多行业，不只是机器先进。许多高新技术正在使整个经济数字化，这一点越来越明显。

过往历史表明，美国生产率今天提高会为明天创造就业、提高生活水平。新的就业机会源自于高效生产和创新技术能把新产品和服务传遍全国。

这些突破的另一面是今天和明天的就业要求具备高等技术技能水平。工作场所要的人手可能少了，但每个人都应该受过更好的教育，能够运用高级计算机系统。这已经成为就业的新常态，不管是在办公室、工厂、医院、律师事务所，还是服务行业。

这些电子化就业机会带来一个新问题。雇主之间形成的共识是大家需要重获技能，适应新工作。美国各地面临的一个政治和经济核心问题是迫切需要推出拥有更高技能的劳动者。

美国新的就业时代已经来临。是否拥有受过更好教育和最新职业技能的人才很大程度上会决定企业落户在美国还是世界其他地方。能够克服企业、教育和社区群体之间结构障碍的地方，大家相互合作，更新人才培训和经济建设体系，就能吸引新的企业，留住现有企业。那些做不到的地方，就会萎缩和消亡。

大萧条加快了劳动力市场变化，这种变化一直未停，只是被房产和金融业泡沫时期出现许多低技能和半技能就业现象所迷惑。在当今劳动力市场上，低技能和半技能劳动者就业机会急剧下降。即便是中等技能的专业人士，也因为自动化而出现就业持续下降。总的来说，就业机会对于高技能人员更乐观，他们不断更新知识和实用证书，能够迁徙到有就业机会的地方。

美国的教育到就业体系基本上没有培养出更多能够在新的就业时代比拼、拥有市场需要的技能的人才。工人下岗后，通常没有技能进入经济中的增长型行业。企业和政府的就业培训项目大部分缺乏连贯性，是短期的，或者过于一般化。

这十年的一个直接后果是美国出现贫困人口扩大的现实危机，因为整个经济都缺乏人才。改变系统不会轻松容易。但是，如果坚持当前就业技能不变，就会迎来经济灾难。

当前，美国正在单边出让给其他国家在技术和创新方面的全球领导地位。美国 20 世纪教育一枝独秀所创造的经济优势业已消逝。太多的年轻工人缺乏普通教育和专业型职业技能，更不用说高尚的职业操守，无法维系中产阶级的生活水平。他们加入到美国日益庞大的底层阶级队伍中。

2013 年，8 900 多万就业适龄美国人没有进入劳动力市场。求职人员数量（劳动参与率）接近历史低点，只有 63.6%，而失业的平均时间维持在几乎是历史高点。为什么如此多的美国人被排斥在就业大门外，而整个美国却有 600 多万空缺岗位？

我们如何能够将这些人带回到就业市场？在地方和地区层面可以采取哪些行动来改革培养和创造人才的体系？我们如何能够重建联结地方企业与为了竞争和生存而必需的技能人才的就业通道？

《未来如何工作》一书对这种就业与技能脱节问题和其他紧迫的就业问题给出了答案。该书最主要的目的是为个人和企业重新点燃希望，相信未来职场会更好，重新树立信心，让我们相信眼前的挑战可以克服。

《未来如何工作》考察“地区人才创新网络”的理念，以及作为劳动力市场变化的主要引擎是否可行。地区人才创新网络是社区中介，是跨部门伙伴关系的中枢，参与到重新规划适应地区经济发展的技能和就业体系。地区人才创新网络激发更广泛的民间参与，在企业、教育人士、社区领袖和普通公民之间建立桥梁。

《未来如何工作》从四个部分提出问题及解决办法：

第一部分：下一个十年的热门工作是什么？个人如何找到最适合自己的职业领域？准备这些职业的最佳方式是什么？

第二部分：重建就业通道的障碍是什么？我们的文化怎样使企业和个人无视有必要更新教育到就业体系？

第三部分：为什么地区人才创新网络是解决就业问题灵活而强大的办法？地区人才创新网络的突破从哪里开始重建创造人才体系？

第四部分：未来企业和政府政策调整如何有助于地区人才创新网络在美国和全球传播？美国就业市场和经济未来可能出现怎样的情况？

美国联邦和州预算现在都面临无限期的政府财政紧缩。私营部门的雇主将是创造就业和创新的主要来源。他们会招用员工支持创新，扩展业务，但只有他们重新认识到投资美国劳动力的巨大潜力之后才会这样做。[5] 我们落在许多竞争对手之后，他们正在更加有效地在自己的劳动者身上进行投资，这种现象的原因是美国企业文化还受制于华尔街追逐短期利润的模式。

所有这些问题汇聚在一起，我们发现自己处于经常变革的重要分水岭时代。“我们处在历史的一个特殊时期，每个人都有机会发挥重要作用，不仅是向新世界转轨，而且是设计这样的新世界。”阿灵顿研究院院长约翰·彼得森说。[6] 这要求我们每个人加大民间参与力度，加入到促就业、促增长的议程中，解决就业和技能危机，减少短期逐利。

作者的最终意图是帮助每个人重新考虑在通过就业十字路口时应作的选择。现在就必须行动，不要等到外国高技能竞争对手抢走我们的未来。

致　谢

许多人对这项研究给予了重要的支持，我想真诚地感谢他们，尤其是以下人员：尼姬·阿诗科夫、卡洛琳和詹姆斯·奥斯曼、莫利斯·贝什洛斯、罗纳德·比得、麦克尔·布鲁姆、乔治·达特、安·爱德蒙德、伊萨克·爱丽亚奇、托马斯·弗拉万、汤姆·弗里斯比、乔伊斯·吉奥亚、迪安·格拉斯、乔安娜·格林、拉里·古泽塔、维姬·霍根、贾娜·坎普、乔安·克劳斯、迪波拉·伦查德、理查德·朗格沃斯、亨利·林德伯格、佩姬·露丝、吉姆·麦克善恩、保罗·米勒、罗纳德·摩根、爱德·莫里逊、哈里·摩西、塔伴·门罗、罗伯特·耐曼、理查德·奥丽粉特、查尔斯·奥马利、文·奥尼尔、波伊德·欧文斯、詹姆斯·帕克、弗朗西斯·瑞安、詹尼弗·斯拉姆、帕迪·肖特、爱德·斯科内兹尼、大卫·皮尔斯·施耐德、威廉·斯特劳斯、丹·斯文尼、安德里亚·泰勒、帕特·塔克、马丁·冯·瓦尔特斯科冼、戴尔·沃德、帕特·耐罗·威克韦尔、罗伯特·维奇杰、伊拉·沃尔夫、贝丝·珍德、麦克·泽南科，以及罗伯特·泽特勒。

我还要感谢布莱恩·罗姆，他在普雷格出版社的时候同意接受这本书，还有希拉里·克拉杰特，她是企业、经济和金融高级编辑，感谢她在我写作出版这本书的全过程中所给予的支持。

约翰·威利格是我的文学经纪人，他教给我许多关于出版界很艰难这样的知识。如果没有他不断引导和鼓励，这本书永远也不会写出来。

W. E. 安普约翰就业研究院的凯文·荷伦贝克多年来一直给我指导，并且在多个培训和就业问题方面与我合作。我对他无价的专业援助和见地深刻的前言无限感激。

维拉丽·科利叶又一次接受了挑战。她一直是编辑队伍中不可或缺的一员，她兢兢业业、工作出色，在帮助我准备手稿方面功不可没。

在众人之上的是我的妻子和合伙人爱莲·戈登，她对这本书的研究和编辑付出了许多心血、汗水和泪水。她的见解、建议和修改使这本书好了许多。

对于书中的错误或遗漏，我负全责。但是，写作的乐趣来自于倾听你们作为读者的想法、评论和建议。

爱德华·E. 戈登

伊利诺伊州芝加哥

目　录

CONTENTS

第一部分　就业和职业

第二部分　路障

第三部分　突破

第四部分　未来

第一部分
就业和职业

第1章
“好工作”

国家财富在于劳动人民。[1]

——西奥多·赫泽尔（Theodor Herzl）

新就业时代来临

美国就业危机持续不断，让很多人相信明天不在，而且理由确凿。从2008年年中开始，600万岗位消失了，许多是永久地消失了。

然而，自从2001年，美国国内生产总值（GDP）几乎翻了一番，达到15万亿美元。这是怎样做到的？答案是美国生产率在提高。机器改进，要的人少了，而生产的产品多了。拥有高技能的人员使用新的高技术，将整个经济数字化。这些产品和服务的出口量达到历史高位。

3 000多万美国人现在处于失业、不充分就业状态，或者放弃寻找工作。一波又一波的雇主报告说存在600多万个空缺岗位，这听起来好像是一个很奇幻的事情。在许多合法情况下，这些雇主为找不到技能合适的人填补空缺岗位而伤心。越来越明显，劳动者需要更好的普通教育和更专业的职业准备才能有能力从事这些工作。这已经成为就业新常态，不管是在办公室、工厂、建筑工地、律师事务所，还是服务企业，都是如此。

美国劳动力市场供求关系很显然与工作场所的现实不合拍。人们准备去从事的事情与企业所需要的出现越来越大的鸿沟。我们每个人都要面对新的就业时代。

目前的就业雷暴云之下也有一道亮色。美国劳动统计局预测，到2020

年，会有 5 470 万个岗位出缺。其中，3 370 万（62%）是接替现在婴儿潮一代的岗位，另外 2050 万岗位是新增就业（参见表 1.1）。

表 1.1　2010—2020 年新增岗位与接替岗位（部分岗位）

就业领域	新增就业	岗位接替就业	就业岗位总计
所有就业	2 050 万	3 370 万	5 470 万
1. 平面设计	37 000	87 000	124 000
2. 媒体与通信	106 000	219 000	325 000
3. 建筑业	100 万	100 万	200 万
4. 汽车技术员	157 000	229 000	386 000
5. 技术维修和保养人员	409 000	570 000	979 000
6. 公交驾驶员	83 000	125 000	208 000
7. 快餐店工人	425 000	110 万	150 万
8. 招待服务人员	196 000	110 万	130 万
9. 零售店员	100 万	300 万	400 万
10. 建工、土建职业	664 000	100 万	160 万
11. 农、渔、林	—	290 000	290 000
12. 生产工人	357 000	180 万	220 万
13. 美发师、理发师	103 000	131 000	234 000
14. 销售职业	180 万	460 万	640 万
15. 工程师	160 000	366 000	526 000
16. 艺术家	16 000	47 000	63 000
17. 演员	3 000	17 000	20 000
18. 医疗人员	200 万	160 万	360 万
职业领域			
内科医生	168 000	137 000	305 000
牙医	32 000	46 000	78 000
牙齿卫生师	69 000	36 000	105 000
治疗师	190 000	108 000	298 000
注册护士	712 000	495 000	120 万

续表

就业领域	新增就业	岗位接替就业	就业岗位总计
营养师	13 000	22 000	35 000
药剂师	70 000	70 000	140 000
19. 家庭健康助手	706 000	131 000	837000
20. 医疗技术师	720 000	580 000	$130\bar{x}$
21. 律师	74 000	138 000	212 000
22. 高校教师	306 000	280 000	586 000
23. 记者	—	18 000	18 000

资料来源：数据来自劳动统计局“表 1.2　2010 年和 2020 年预测按细分职业就业情况”，2012 年 2 月 1 日更新，网址：http://www.bls.gov/emp/ep_table_102.htm；劳动统计局：“预测顶岗职业需要”，2012 年 2 月 1 日更新，网址：http://www.bls.gov/emp/ep_replacements.htm.

在 2010—2030 年，大约 7 900 万婴儿潮一代的从业人员从劳动岗位上退下来，这将提供许多就业和职业机会（关于婴儿潮一代退休对劳动力市场的影响的更多信息，参见第 3 章）。对于预测会萎缩或者不会大量增加的职业，如记者或农业、渔业和林业职业，情况更是如此。

重要的问题仍然是：哪种好工作现在还没有人求职，未来会增长的行业领域有哪些？本书定义的好工作是待遇充足、经济上可以支持家人的工作。

热门职业

现在到 2020 年需要哪些行业的职业是首先要考虑的问题。政府、大学和企业研究组织所做的职业预测和调查都显示，美国几乎每个行业都有五个一般性领域存在就业增长机会：（1）研发，（2）信息技术，（3）业务经营，（4）管理，（5）销售。

与科学、技术、工程和数学相关联的职业增长量会很大。这十年结束之时，核心技术职业就业会增加大约 20%，达到 80 万个就业岗位。

很多科学、技术、工程和数学方面的就业是向海外蓬勃发展的市场出口带来的，包括信息技术、航空、工业设备、药品、化工品和农产品。美国所有产出的13%（12.8%）用于出口。这是美国商务部有记录以来水平最高的，占美国GDP的10%。[2]

大多科学、技术、工程和数学方面的就业需要高等教育。65%要至少有学士学位。只有医疗和教育职业有更多的教育要求（参见表1.2）。

表1.2 2018年科学、技术、工程和数学方面的新增就业和岗位接替就业带来的就业增长相应的教育分布情况

教育水平	计算机职业	工程师和工程技术人员	生命和物理科学职业	建筑师、勘探员和技术员	数学科学职业	总计
高中辍学人员	10 100	1 600	—	300	—	12 000
高中毕业生	85 000	130 800	6 100	4 000	700	226 600
上过大学课程	184 600	98 100	3 300	4 600	4 400	295 000
专科学位	121 400	175 500	—	8 300	1 700	306 900
本科学位	563 400	182 400	129 900	79 400	23 900	979 000
硕士学位	221 900	72 600	85 000	40 100	11 600	431 200
职业学位	8 700	5 300	8 700	2 300	1 900	26 900
博士	24 600	9 500	69 200	3 700	4 600	111 600
共计	1 219 700	675 800	302 200	142 700	48 800	2 389 200*

资料来源：乔治城大学教育和劳动力中心“到2018年职业增长预期”，安东尼·卡内瓦尔、尼可·史密斯和米歇尔·梅尔顿在“STEM”中引述，乔治城大学教育和劳动力中心，2011年。使用得到允许。

* 由于四舍五入，数字可能略有不同。

热门工作

要考虑的第二件事是所有这些如何转化为具体的工作岗位。人力小组经过对2007年到2012年企业人才短缺调查，将最难招人的就业工种列在表1.3中。

调查显示，销售代表一直都是最短缺的，然后是技能工种、工程师、司机、机械师和机器操作人员。2011年以前，技术员一直都在这份清单上。人力资源管理协会2011年和2012年所作的调查也证实缺乏工程师、销售代表、会计和金融人员。高技能的技术职位和科学家在这些调查中也占据高位。来自其他方面的信息显示，在生物医药和生命科学领域中的医疗专业人士和管理人员缺口越来越大，这是因为婴儿潮的大多数人都已进入老年。[3]

表 1.3　　美国最难招聘的就业工种

	2007	2008	2009	2010	2011	2012
技能工种	*	3	3	1	1	1
工程师	*	1	1	8	3	2
信息技术人员	*	9	8	*	6	3
销售代表	1	5	5	2	2	4
会计和财务人员	8	6	*	*	5	5
司机	6	*	7	5	4	6
机修人员	3	7	*	*	*	7
护士	*	*	2	3	*	8
机械师、机械操作人员	10	2	10	*	10	9
教师	2	*	4	*	8	10

资料来源：作者人力小组分析：《人才短缺调查结果，2007—2012 年》。

*未出现在雇主报告的前 10 就业之中。

根据劳动统计局的数据，增量最大的 10 种就业中的 7 种工资低或者很低（参见表 1.4）。清单上工资非常低的 5 个职业中，4 个可能并不需要从业者有高中文凭，但是这些人如果不接受继续教育，他们很可能一辈子都陷在只能从事低收入工作的魔咒。而且，乔治城大学教育和劳动力中心 2012 年的研究报告“大学优势”也表明，在经济危机时期，上学少的人比有四年本科或更高学位的人丢掉工作的概率要大得多。[4]

表 1.4　　十个增长最快（就业数量）的职业领域，2010—2020 年预期

新增就业最多的十大职业	2010—2020 年就业预期增量	2010 年工资中位数
1. 注册护士	71.1 万	很高
2. 零售人员	70.6 万	很低
3. 家庭健康助理	70.6 万	很低
4. 个人护理助理	60.7 万	很低
5. 办公室文员	48.9 万	低

续表

新增就业最多的十大职业	2010—2020 年就业预期增量	2010 年工资中位数
6. 食品制作和招待人员	39.8 万	很低
7. 客服代表	33.8 万	低
8. 重型卡车和牵引式挂车司机	33.0 万	中等
9. 体力工人、货物储存和材料搬运工	31.9 万	很低
10. 大学教师	30.5 万	很高

资料来源：作者分析劳动统计局数据："2010—2020 年就业预测"表 6，2012 年 2 月 1 日最新更新，网址：http://bls.gov.news.release/pdf/ecopro.pdf.

如果你在求职，这十年哪些职业领域有市场？仔细考察招聘趋势，我们得出下面的合成清单：

1. 卫生专业老师
2. 计算机网络设计师
3. 土木工程师
4. 医学科学家
5. 环境工程师
6. 软件工程师和网络开发人员
7. 移动媒体设计师、工程师和编辑
8. 高增长行业的产品管理人员，如云计算、电子商务、移动设备、消费网络
9. 销售（线上、新媒体）
10. 网络系统和数据通信分析师
11. 会计（注册会计师）
12. 机械师（经验丰富的制造人员、计算机数控操作人员）
13. 医疗人员（低技能低收入家庭护理助手到技能和收入都高一些的护士、实验室技术员）
14. 生物医药工程师（医药设备）
15. 工业卫生师（消除有毒物质）
16. 地质科学家（探索和开采能源）
17. 内部工程师（微处理器软件）

18. 数据职业（网络和数据软件分析师高级企业应用编程语言、面向服务的体系结构、数据抽取转化加载、网络逻辑、Java 数据库连接体系、全球活动资源定位器、JBoss 软件、万维网环球服务系统）

19. 职业卫生和安全工人（安全设备技术专家）

20. 英语教学工作（在海外将英语作为国际语言进行教学）

21. 技能手工和技术工人（技术工种、适用于制造和产业工作的技术）

22. 教师、教授（中学——高等教育）[5]

当前流行的文化都坚持认为，四年大学教育是保证获得好工作的唯一通道。实际上，对持有两年专科文凭的人也存在许多有需求的职业领域（参见表 1.5）。

表 1.5 入职时一般要求两年专科学位、预期增长量很大的职业

职业	2010 年收入中位数（美元）	2010—2020 年增长率（%）	2010—2020 年增长量
建筑经理	83 860	17	86 600
核医疗学技术员	68 560	19	4 100
牙齿卫生师	68 250	38	68 500
核技术员	68 090	14	4 100
注册护士	64 690	26	711 900
医疗诊断声谱仪操作员	64 380	44	23 400
放射技术员	54 340	28	61 000
呼吸科治疗师	54 280	28	31 200
地质和石油技术员	54 020	15	2 100
心血管技术员	49 410	29	14 500
法律助理	46 680	18	46 900
医疗设备维修员	44 490	31	11 900
环境工程技术员	43 390	24	4 600
理疗助手	37 710	45	51 100
兽医技术员	29 710	52	41 700

资料来源：劳动统计局数据，《2012—2013 年职业展望手册》，2012 年 4 月 26 日最后更新，网址：http://www.bls.gov/ooh

完成四年大学教育的人会发现，自己的专业对就业机会和工资水平有很大影响。现在，科学、技术、工程和数学专业收入最高（参见表 1.6）。

表 1.6　收入最高的大学学位

学位	入职时收入中位数（美元）	职业中期收入中位数（美元）
石油工程	98 000	163 000
航天工程	62 500	118 000
精算数学	56 100	112 000
化学工程	67 500	111 000
核工程	66 800	107 000
电气工程	63 400	106 000
计算机工程	62 700	105 000
应用数学	50 800	102 000
计算机科学	58 400	100 000
统计	49 300	99 5000

资料来源："2012—2013 年收入等级组织大学工资报告"，PayScale. com，2013 年 4 月 17 日评估，网址：http://www.payscale.com/college-salary-report-2013/majors-that-pay-you-back.

热门工作分析

我们知道，2010—2020 年，美国劳工部预测有 2 050 万新增就业、3 300 多万岗位接替就业需要招人。不过，几个重要因素让这十年成为就业大变革的时期：

1. 增长迅速、收入好的工作大多是要有一些大学教育或培训的职业，包括学徒制项目和职业证书、两年或四年制学位，及研究生或职业学位。

2. 增长最快的职业涉及医疗、个人护理、社区和社会科学。另外，科学、技术、工程和数学各种复杂程度职业领域的就业需求量都会增加。

3. 低技能就业还是就业数量最多的，但不是高收入工作。

4. 经济和人口因素也会影响就业数量。由于婴儿潮一代退休，岗位接替产生的就业数量会比新创造的就业岗位多，正如表 1.1 所示。

新的就业年代

毫无疑问，这里不再是你父亲或母亲的工作地。我们进入了一个分水岭时期，工作的本质已经变化。这并不是没发生过的事情。在人类历史进程中，以前至少有 4 次劳动力市场时期。

正如今天的情况一样，这些历史时代的转换时期通常有社会和经济动荡，这是因为工作场所和就业本质发生变化。当前，许多工人面对必须改变自己、适应数字主导的劳动力市场的现实。工业和计算机时代的高收入、低技能工作正在被网络智能时代新的高技能职业所取代。今天的好工作要求工人具备知识，做好准备，去创造、实施或运用这些新技术，运用新技术所创造的信息。简单地说，当今的劳动力市场要求更多的工人完成两种教育——较高的通才博雅教育加上技术或专业职业所需的专业职业教育。

准确理解未来就业机会很有用，但这只是找到好工作的第一步。下一章集中在一些关键的职业问题上，在通往一生都成功的就业大道上新老工人都要探索这些问题（参见表 1.7）。

表 1.7　劳动力市场时代的发展*

	Ⅰ	Ⅱ	Ⅲ	Ⅳ	Ⅴ
时代	史前	农业时代	工业时代	计算机时代	网络—智能时代 数字技术
年代	公元前 100000— 公元前 5000	公元前 5000— 1850	1850—1970	1970—2006	2006—
核心	生存	食物	机器	自动化	创新
模式	狩猎—采集	耕作	大规模生产	数据/机器人	智能机械
劳动者	为生存	体力工作	半技能工作	信息工作	知识工作

* 该内容表述完全遵照原文。——编辑注

第 2 章

职业与就业：问题是什么？

除非你热爱你所做的事情，否则你永远不能获得真正的成功。[1]

——戴尔·卡内基（Dale Carnegie）

现在，你应该知道美国的就业市场还是有明天的。但是，哪个职业领域能给你提供最想要的工作？获得准确的答案至关重要，不管你是刚刚开始工作，还是失业，或是想更换工作。你需要对就业市场和你自己的一些基本问题找出真实答案。要做到这一点并非易事，在当前就业变革的时代变得更为复杂。

代际间挑战

在经济危机的时候，年轻人受到的冲击尤其严重。16～24 岁年龄段的失业率比其他年龄段要高出许多。

对于最近高中毕业的学生来说，找到一份全日制工作从来没有像现在这样艰难。2013 年 1 月，16～19 岁的人失业率为 23.4%，20～24 岁年龄段的人为 14.2%。简单地说，现在多数就业入职仅有高中文凭是不够的（参见表 2.1）。

表 2.1　美国就业教育要求变化，1973 年、2010 年和 2020 年

水平	就业占比（%）		
	1973 年	2010 年	2020 年
硕士学位以上	7	11	11

续表

水平	就业占比（%）		
	1973 年	2010 年	2020 年
学士学位	9	21	24
专科学位	12	10	12
大专或职业证书	—	17	18
高中文凭	40	30	24
未上高中	32	11	12

资料来源：安东尼·卡内瓦尔、塔玛拉·卓雅孙德瑞和安德鲁·R. 汉森，“职业和技术教育：有好报酬的五种方式”中的数据，乔治城大学教育和劳动力中心，2012 年 9 月，2。

2012 年，大学毕业生中一半不是失业就是就业不充分。连续五年，新毕业的学生都面临如此严峻的劳动力市场。年轻人中 10%搬回与父母住。26 岁的人中有 20%，几乎是 1970 年的两倍。

看起来就业市场的成功主要决定于你的专业领域。与普遍流行的观念相反，四年大学文凭可能并不是每个人职场成功的金钥匙。即便是那些拥有数学、科学或技术学位的大学毕业生，也常常感到好职位还需要精准的专业证书或相关经验。[2]

55 岁以上的工人面临另一套挑战。虽然这一年龄段工人失业率低于国家总体平均值，但从危机开始后上升非常迅速，到 2011 年 7 月升到了 7.3%。一年之后，失业率为 6.5%。大约 400 万 55～64 岁之间的美国人（1/6）缺乏全日制工作。另外，55 岁以上的失业人员要找到新工作更难。一半以上失业期超过 27 周，那些找到新工作的人常常是薪酬大减。[3]

“年龄歧视问题还没有解决，但大家的态度在改善。”美国退休人员协会公共政策研究所高级战略顾问萨拉·里克斯说。[4] 越来越多的公司意识到，婴儿潮一代人拥有知识和工作经验，可以填补人才市场越来越大的鸿沟。

55 岁以上的人劳动市场就业率提高了，部分原因是他们的资产和储蓄的价值下降了，雇主也转向固定缴费的退休保险计划。不过，2011 年晚期大都会人寿所做的一项调查显示，最老的婴儿潮人员（当时 65 岁）有 59%至少是半退休，45%全退，还有 14%退休后有非全日制工作。[5]

2012 年 2 月，200 万美国人辞职或退休了。这是危机爆发以来就业更换量最大的。这对于年轻人和还在找工作的婴儿潮人员来说都是好消息。

以上所述的代际间的挑战给当代美国提出了一个重要问题。对于这种代际间的、就业和技能不匹配问题应该责备谁？美国需要让年轻人和老年人都有更好的准备，满足各行各业对更高技能越来越高涨的需求。第二部分将深入分析这一长期的人才危机后面的文化、经济和教育脱节问题。

职业游戏问题

当今，美国大多数高中学生计划成为专业人员。绝大多数打算完成本科学位教育。调查显示年轻人的职业预期越来越远离现实可能。社会学研究表明，许多学生将目标设定为“雄心勃勃而又不切实际的职业运动或娱乐业等职业领域，不管自身能力如何。”[6]

大多数年轻人大大低估了一份职业所需要的教育。进入大学之后，学生们马上就会发现所学专业常常并不能带来特定的就业技能，不能被直接领进一个职业。之所以这样，是因为在多数社区，教育机构和企业之间的沟通渠道不畅。

最近高中和大学毕业生失业率高，这催生了波及全美的占领华尔街运动。一些学生和家长开始怀疑大学教育花钱是否值得。

不管你处于个人职业生涯中的哪个阶段，在对未来职业或就业目标作出重大决策前，有必要考虑 10 个核心问题：

1. 你培养了哪些个人职业技能或者希望构建哪些技能？

2. 你最强的专业技能是什么？

3. 列出你个人的最大兴趣和生活经历（如爱好、志愿者活动、实习、非全日制工作等）。

4. 你如何将上述优点和兴趣用于未来的就业和职业？现在？五年之后？十年？

5. 你考虑这一职业的动力是什么？

6. 谁给了你启发来为自己考虑这一职业领域？为什么？

7. 你掌握的哪些技能、接受的哪些教育和经历可以成功地应用到这一职业？

8. 你要通过教育、培训和经验作哪些新的职业准备来获得这一职业？

9. 这一职业领域的就业机会在你所在的城市、州或地区有多大？现在？五年之后？十年？你是否愿意为这一职业搬家？

10. 你从哪儿能找到准确的信息回答一个特定的职业内有关职业要求、短期和长期就业展望情况？

职业游戏答案

我们当前的教育体制对大多数学生或成人寻找这些核心职业问题的答案并没什么用。美国大多数中小学校的课程设置还是建立在所有学生能力、兴趣和智力水平都相同的判断之上。这样，太多的学生感到职业选择很有限。

人都是自然天分和固有能力的混合体。人至少有七种特殊能力领域可以通过教育加以开发，用于以后的就业和职业发展（参见表 2.2）。

表 2.2　　人的能力/技能/职业

能力	技能	职业潜能
1. 语言	读书、写报告、即兴演讲	通信、教育、公共关系、销售、市场营销
2. 逻辑－数学	解决数学问题，给出逻辑定理	科学、医疗、金融、数学教师、工程、信息技术、财会
3. 空间感	自如地在不熟悉的地方旅行；知道如何将行李箱放进车后备厢；胜任棒球右场位置	技能工种、信息技术、工程、科学
4. 音乐	记住音乐旋律、唱歌、谱曲或弹奏音乐	音乐家、信息技术、通信、广告
5. 身体协调能够从事大运动	在打高尔夫球或网球时使用；表演体操或芭蕾	外科医生、技能工种、运动员、高技能制造业
6. 人际交流	从别人说的话中推断他的意思时使用；理解身体语言、面部表情	销售/市场营销、医药、通信、零售、新闻、酒店、广告、休闲、教育
7. 自知－自省	理解为什么人有时候很自负；不能容忍被拒绝；未能实现一项重要目标	咨询、医药、神职工作、教育、管理、广告

资料来源：根据罗伯特－斯坦伯格《我们应该问什么智力问题？》改编，《网络新闻与观点》，1996年5月，25。

个人通常是拥有这些能力的组合体，其中一些能力会明显优于其他能力。我们早就明白学校教育有助于开发人们50%的抽象思维和解决复杂问题的能力，50%的解决日常生活中实际问题的能力。

虽然固有能力会在家庭成员中遗传延续，但家庭成员中每个人最后的职业选择常常存在很大差异。家父是一名木匠、承包人，也是一名优秀的运动员。他的逻辑一数学、空间感、汽车和人际交流能力很强。相反，我钉子都钉不直，目测深度的能力有限，运动水平很糟。不过，我的确继承了他的逻辑和人际交流的技能，而且语言和自知一自省能力方面也更强。

我的其他先辈中有船长、工程师和牧师，从他们身上我可能继承了一些能力。另外，每一代人的教育、文化和社会机会会培养或弱化个人的能力和技能。

因此，你的职业偏好由四个方面组成：自然天赋、个性特征、你认为有意义的工作类别，以及让你有感觉、有激情、有自我实现感的职业。对于以上我们提出的所有问题，你怎样才能找到明确的答案呢?

最好的办法是使用当地的职业评估中心。许多高校机构都有职业测评，包括社区大学、四年制学院和大学。职业评估能帮助你了解个人的优势和喜好，并与职业和就业机会进行匹配。[7]

更重要的是，你要找到一个机构，对你的职业评估结果给出全面和个性化的解释。你要更好地了解内在的天赋以及如何用之于人生的职业机遇。哈佛大学心理学家赫华德·加德勒说：“教育对一个人的发展最重要的贡献在于帮助他找到个人能力最适合的领域，在该领域他感到满足，并能胜任工作。”[8]

确定自己的优势和潜在的职业选择之后，下一步就是看在美国一个特定地区的就业和职业现状与前景。你要了解特定就业和职业领域最新的准确信息，包括教育要求、发展潜力、目前就业人员、入职工资和平均工资水平。

“美国职业前景”网站是获取这类信息的好资源，网址是 http://www.careeroutlook.us（参见表2.3了解所提供信息样例）。你在“职业前景”可按各州来分类查询各种劳动力市场信息。可以从16个职业群或6大兴趣类中进行选择，也可以在这两种信息中交叉访问。

表 2.3　　伊利诺伊州卫生科学职业群

职业	职业标准代码	兴趣	最低教育	发展前景	当前工人数	入职工资（美元）	总体工资（美元）
救护车司机和护工、急救医疗技术员	53－3011.00	SRE	中等在职教育	1.92	1 034	17 880	25 270
麻醉师	29-1061.00	IRS	专业教育	1.97	2 729	157 190	220 710
运动员治疗师	29－9091.00	SREI	学士	*	*	32 190	45 440
心血管技术师和技术员	29－2031.00	IRS	专科教育	2.14	2 115	27 460	48 600
按摩师	29－2011.00	IRSAE	专业教育	2.08	2 767	30 720	77 240
临床、咨询和学校心理师	19－3031.00	IS	博士	1.02	5 640	37 130	71 730
牙科助理	31－9091.00	SRE	中等在职教育	2.92	12 401	23 600	33 270
牙科卫生师	29－2021.00	SCRE	专科	2.97	7 357	34 760	61 110
牙科实验室技术员	51－9081.00	RI	长期在职教育	－0.96	1 340	18 500	37 140
牙医，其他各类专家	29－1029.00	*	专业教育	*	*	104 610	141 970
牙医，普通专家	29－1021.00	IRS	专业教育	1.18	5 317	47 590	135 070

兴趣代码：A＝艺术，C＝传统，E＝企业，I＝调查，R＝现实，S＝社会。

资料来源："美国职业前景，"网址 http://www.careeroutlook.us（2012 年 6 月 28 日评估）。使用得到允许。

"职业前景"的开发者是北卡罗来纳教学部的克里斯·德罗斯勒（Chris Droessler）和职业与技术教育协会从学校到就业部的教师。信息源自美国劳工部的多种数据表格，每年进行更新。

"职业前景"提供的另外一个有用的就业工具是"兴趣档案"——网上职业评估资源，帮助大家了解自己的兴趣所在以及如何用之于具体的职业。"兴趣档案"将个人的性格偏好在六大职业兴趣领域进行排序：现实、调查、艺术、社会、企业和传统。[9] 然后，你就可以运用这一信息在你已经选定的职业群中更好地选择具体的工作。

求职再校准

个人的职业信息很好，但你怎么用？对于目前的年轻一代，大多人觉得就业前景暗淡。以上我们提及很多人与父母或亲属住在一起。不足20%的人拥有全日制工作。大多数人（72%）认为他们需要增加职业教育。不过，只有一半在参加正规的教育项目。慈善信托2013年的一项分析发现，2007年和2011年之间，21～24岁的人上大学的比例略有下降。[10]

2009年，美国人口普查局发现18岁以上的美国人的学历情状况如下：

10.9%——技术或职业证书

8.2%——专科学位

17.1%——学士学位

9.2%——高等学位[11]

尽管四年制本科学位增大了大学毕业生的就业概率，但是仍有9%的毕业生处于失业状态。大学毕业生的专业对他们的就业前景影响很大，获得求职的学历教育对于许多人来说还是最好的选择，当美国经济复苏、婴儿潮一代退休，在这十年的后一阶段，会出现数量急增的岗位接替就业。

过去5年，美国成年人中大约33% 回到学校接受更多培训。《纽约时报》2012年对这些人进行的一项调查显示，参加调查的80%为就业人员、10%为失业人员。大多数人没有四年制大学学位、不满45岁。[12]

许多成年人接受继续教育，是想获得专业性学位或证书，应对当前的就业市场。“并不是我们不需要工程师、博士和研究科学家，”一家化工公司的政府事务经理乔·阿诺德说，“我们真是需要，但我们不只要这些，我们还需要有技能的工匠，需要操作人员。”[13]

在美国各地，地方技术学院开设一些项目，招收的学生已经拥有了学士或硕士学位。“我们知道雇主希望雇员拥有什么，”温斯康辛狐狸谷技术学院负责教学服务的副校长克里斯·马特尼说，“我们的课程是围绕让学生就业、晋升或进入他们职业生涯的下一阶段的内容设置的。”[14]

国家级的行动，如青年美国人行动，也旨在促进高等教育活动与当地企业需求结合更紧密。[15]

这并不是要每个人都攻读科学、技术、工程或数学专业。杜克和哈佛大学对 502 家技术公司中 652 名出生在美国的总裁和生产工程部主管的调查发现，只有 37%的人拥有信息技术或工程方面的学位，2%的人拥有数学学位。其他人的教育和培训领域是商科、财会、金融、医疗，甚至是艺术和人文科学。

当今的企业界需要技术领导。不过，人文科学专业可以给人们重要启示，如何让技术使用起来更便捷。因为他们学习了更多关于人的知识，文科专业的学生在工作中如果能接受更多的职业培训，则有更大可能成为更好的项目或产品经理。[16]在上一代人中，这种情况在企业界很常见，现在的趋势是要重新开始岗位培训项目，因为越来越多的公司很难招到人。

很多人可能永远也找不到与自己匹配完美的理想职业。大多数人只需要了解他们可能喜欢做什么，与兴趣匹配过得去的工作，以及能够满足这些需要的现有就业机会。

你可以将一生都致力于教学、华尔街，或技术，到最后你觉得自己一事无成或是成了大英雄。关键问题是社会有关吸引力大的职业或热门就业的文化态度在你的一生中会发生变化。[17]

我们的世界正处在重大的职业调整时期。在这一调整阶段许多人会觉得很不开心。拉特格斯大学的一项调查是问刚刚毕业的大学生，他们当初可能会采取哪些不同的行动为今天和明天的职场做更好的准备。他们给出了很好的意见，包括：

1. 选择专业或小专业更加谨慎。
2. 在与自己专业相关的领域做更多的实习或非全日制工作。
3. 上更多课来为自己的职业作准备。
4. 在选择学院、大学或技术学校时更加小心谨慎。[18]

不管你是学生、刚刚毕业的学生，还是已经就业，或者失业，个人连续不断的职业教育将越来越重要，这样使你能够找到、把握住并且推进自己的职业。各行各业技术不断更新，个人连续不断的职业教育不是可做可不做的选择事项，而是必须要做的功课。如果有可能的话，去为那些高度重视不断开发雇员技能的老板工作吧。

以下三章分析在美国和世界各地招聘员工所面临的现实障碍，将依次考虑在当下迅速发展的网络智能时代雇主和雇员所面临的挑战。当前就业关联性缺失中的许多因素是几十年累积的结果，需要采用新思维进行全系统的变革。

第二部分

路　障

第 3 章
就业－技能鸿沟加大

寻找合适的技能人才好像是在草堆里寻找绣花针。[1]

—— 博斯公司

一生一次

美国和世界上许多地方都处于劳动力市场发生永久性重大变化的分水岭时期。“我们看到美国巨大的就业机制正在解体，”《美国新闻和世界报告》(*News and World Report*) 杂志主编莫提梅·足克曼 (Mortimer Zuckerman) 说。[2]

计算机时代始于 1951 年，当时约翰·冯·纽曼在新泽西州普林斯顿造出了 Maniac (数学和数字一体化和计算机器)。Maniac 从此成为计算机处理器的雏形。[3]

然后，1957 年，俄罗斯发射了人造卫星，开启冷战时期的空间和军备竞赛，刺激我们在科学技术领域做出巨大投入。然后出现了个人计算机。企业家，比如微软的比尔·盖茨和苹果的史蒂夫·乔布斯，改进了软件和硬件，让个人计算机在世界各地都变成了家、办公室和工厂的混合体。

我们大多数人还没有注意到，当企业发挥其计算能力呈指数级增长、聘用更少的人完成更多工作的优势的时候，美国已经从计算机时代过渡到网络一智能时代。位于伊利诺伊州莫林的重型设备制造商迪尔公司最好地诠释了所发生的变化。迪尔公司一半工薪雇员是工程师，但公司也需要几百名技术员，了解卫星制导、人工智能、远程信息处理技术和其他运用广泛的数字技术。工程知识的重要性没有减弱，但是现在，迪尔公司的生产员工，不仅是管理人员，也都需要掌握如何合作，作为一个团队来解决问题。[4]

30 年前，美国制造业工人 80％没有技能。在当今网络－智能时代，这一比例下降到 12％，因为数字技术已经渗透到绝大多数组织之中。办公室中的中层岗位也在削减。现在更为复杂的 21 世纪的工作要求具有批判性思维和高水准的交际能力（读、写、算）。正如国家互助农场首席执行官小爱德华·鲁斯特所言："美国需要掌握口头和笔头交流技巧的工人，需要能够进行批判性思维、对知识具有好奇心的人。"[5]

这就是未来就业的需要，在美国和世界经济中日益明显。高度技术化的领域导致专业化激增，要求员工有一套精准的技能。下一波技术发展的浪潮只会进一步强化这种趋势。

未来技术

美国正开始第三次伟大的技术革命。毕马威的一份经济学人智库报道说："下一波的变革创新"要么已经来袭，要么两年内开始。[6] 以下是一些能带来就业机会的主要突破。

大数据

"云"服务中心将几千台个人计算机的计算汇聚在一起，同时满足千百万用户的需求。更快捷、更廉价的处理数据，将为企业和用户双方在科学、商业、医药、政府等各领域带来成千上万个性化应用程序。

纳米科学

在分子层面正极度小型化创造出一类新的电子和结构材料，如石墨烯。在医学、遗传研究和分子运用等领域正在出现突破。纳米的影响如此广泛，可将之比作 20 世纪发明的半导体或计算机硅芯片。

3-D 打印

添加剂制造打印或 3-D 打印是通过加入一层一层的材料、运用数字模型制作固体物质的一种程序。可使用的材料包罗万象，包括塑料、聚合体、金属、陶瓷，甚至是活性组织。添加剂制造打印极大简化了工业模型和个性化物品的生产，如牙冠。现在人们正在开发这类程序在医学和工业方面的多项运用。

高级机器人

机器人正在与高级人工智能结合。现在，我们可以远程控制物体的运动和操作。机器人可以组装智能手机、运输医院设备、准备并记录药品服用情况、操控无人机。机器人运用存在于工业、制造业、服务业和农业应用等部门。

所有这些技术发现将在编程、技术维护、管理、制造和医疗等多个领域创造出几十万、几百万新的岗位。其中的挑战是要找到胜任这些职业的人才，这些人才应具备所需的教育和技能。[7]

再见婴儿潮一代

2010 年，从第二次世界大战后美国高出生率而获名的一代人开始离开劳动力大军。今后 20 年，还将有 7 900 万人退休。这就意味着在 20 年内每天大约有 1 万人退休。

整个世界都处在人口大变革的浪潮之中。到 2050 年，东亚和欧洲的大多数发达国家都将变成事实上的退休家园，因为这些国家人口中的 33%以上都突破了 65 岁的年龄线。根据联合国的分析，欧洲人口将从 2010 年的 4.96 亿下降至 2025 年的 4.52 亿。欧洲的劳动力也会下降，每年减少大约 100 万人。德国统计学家预测，他们 50 岁以上劳动人员的比例将从当前的 25%上升至 2020 年的 45%。

在亚洲，日本人口每年下降 10 万。韩国每年的人口损失是 5 万。中国到 2020 年工人数量将减少 1 000 万。

在 2010 年 7 月和 2011 年 7 月之间，美国人口普查局记录了 1940 年以来最低的人口增长率，出生率发生直线下滑。在美国，只有 4 000 万 X 一代来接替那些退休的人。即使美国的出生率维持在与替代率（人们日益怀疑能否达到这一比例）同一水平，在24～46岁年龄段的工人数量也会出现大幅下降。国会预算办公室（CBO）也预测劳动参与率会持续下滑。这些人口变化的真正威胁在于美国组织机构中只有1/4做过认真计划，考虑如何应对日益严重的人才危机。

尽管传统的看法认为婴儿潮一代没有为退休生活存什么钱，或者会一直干下去，但大都会人寿的一份研究（2012年）显示，他们正成群结队地退休。许多人出于健康原因离职或者被解雇。一半人说他们基本上或者已经达到了退休储蓄的目标。[8]

大量美国公共部门的职员也开始退休。有些州将此作为减少预算赤字的计划之举。但许多老年工人退休后要利用公共养老金待遇。[8]

美国劳工部发现，在越战前出生的一代或沉默一代（1928—1945年出生），75岁以上的人9人中还有一个人在工作。这是一个记录。人的寿命已经提升，婴儿潮一代中一些身体更健康的人表示他们想维持活跃状态，至少会做非全时工作。我们需要他们。要在就业与技能的断档之间架起桥梁，美国需要至少25%有技能的婴儿潮人员工作到2025年。正如普华永道人力资源咨询伙伴的内尔·罗丹所说："如果一些组织能留住一个拥有市场无法替代其技能的员工，他们为什么不会呢？"[9]

婴儿潮一代离开职场带来的挑战不只限于员工数量减少，还有教育和技能水平下降。在美国整个历史进程中，每一代人都比他们的先辈受过更好的教育、拥有适应未来职业更高的技能。不幸的是，这一记录在婴儿潮一代终结。

由于冷战和与前苏联的太空竞赛，《国防法》（1957年）在中小学资助了多种多样的数学和科学项目，还资助了高等教育学生的奖学金。这刺激了高等技术在美国经济中大量扩张。约翰·肯尼迪总统将人送到月球的誓言在1969年实现。阿波罗太空计划推动更多的科学突破。

不过，20世纪70年代晚期，美国强调的基础科学研究和技术创新内容都开始退化。对数学和科学教育的重视在80年代和90年代的美国学校里也减弱了。婴儿潮一代在1972年达到了82%的全国高中毕业率，这是所有时期内最高的；以后几十年里，这一比例在X一代和千禧一代出现下降，2011年达到最低点72%。"今天劳动力中接近退休的人员比以前的退休人员接受过高出许多的教育。因此，我们很可能要接收比退休人员教育程度要低的新增就业人员。”美国大学和城市学院的经济学家罗伯特·莱曼说道。[10]

其他分析人士也认为，这种婴儿潮一代大量离开职场会使得美国面临巨大的技能缺口。乔治城大学的安东尼·卡内瓦尔预测，到 2018 年，美国人中大学毕业生比国家经济需要的人要少 300 万，中等学历证书持有人要少 470 万。他还说，美国要保持经济持续增长，到 2025 年，应培养出 2 000 万有中等证书的工人。[11]

国家经济研究局的研究员相信，婴儿潮退休人员的规模，加上他们更高的教育水平，会导致技能短缺，尤其是在那些西班牙后裔人口众多并且还在增加的州和城市里。这一族裔人群完成高中教育和大学毕业的水平最低。符合这种情况的州包括加利福尼亚、亚利桑那、内华达、新墨西哥、科罗拉多、得克萨斯和佛罗里达。本书作者还会加上其他州的一些城市，如芝加哥和纽约。在国家范围内技能与就业之间的鸿沟还会越来越大，因为越来越多的婴儿潮一代退休的情况会持续到 2030 年。[12]

我们不能奢望在世界各地正在发生的人口变化不是事实。这些变化真实存在。后果将会很恐怖。

技能结构瓦解

技能与就业之间的不匹配是新的问题吗？关于这一问题的大量经济、商业和教育研究可以追溯到几十年前。不过，芝加哥联邦储备银行、加州伯克利大学和沃顿学校的研究员相信“研究结果并不确定”。[13]我并不同意他们的观点。

1991 年，我写了一本《减少美国企业中的文化水平差距》（*Closing the Literacy Gap in American Business*）的书。该书集中讨论美国企业为防止自己的工人阅读和数学能力下降可以采取的措施。2000 年，拥有高等技术所需要的技能的美国工人严重短缺，促使我写了《技能大战：赢得生产力和利润的战争》（*Skill Wars：Winning the Battle for Productivity and Profit*）。然而，在世界各地，职场上要求拥有更多知识的需求一直在上升。《2010 年大崩盘》（*The 2010 Meltdown*）（2005 年）和《赢得全球人才之争》（*Winning the*

Global Talent Showdown）（2009 年）重点指出，在美国和海外，企业越来越多地需要具有创新思维和解决问题能力的人才。渴求人才的局面一直持续到现在。然而，能够替代婴儿潮的人才还远远不够。

过去 20 年，职场人才减少，这一问题的规模和复杂程度一直只升不降。这些问题目前对技术创新和企业可持续性显然产生了负面影响。但是，商界、学术界和政府部门太多的领导选择忽略或排斥这些问题的重要性。开发更有能力的人才，并不符合他们在一个受制于短期结果和守护现状的文化中有关世间行事的愿景。这种大面积存在的文化断层，使美国和世界许多地方在其经济领域都陷入技能结构瓦解的严重局面。

美国失业从 2008 年以来都保持在高水平。不过，美国经济中的就业缩减的真实程度由于几百万工人离开就业市场而被掩盖。到 2012 年年底，8 900 万美国就业年龄人群离开劳动力市场，大多是因为他们缺乏从事 21 世纪的职业所需要的技能。乔治城大学教育和劳动力中心报告指出，自从危机开始，560 万高中以下学历的工人失业，美国劳动力缩减 4％。根据技术度量市场情报所（2012 年 6 月）的报告，几乎 25％的家庭中有一个人处在失业求职状态。[14]

然而，整个经济中估计还有 680 万空岗。虽然高技能人才看起来很多，现实生活中，知识工人还是被高价争抢。

“美国公司当今需要的技能与劳动力市场能提供的技能之间的矛盾说明，除非对美国劳动力进行大量重新装备，否则失业在很长一段时间还会维持在高水平。”美国富国银行的首席经济学家约翰·西尔维亚说，“因此，我们与国会预算办公室关于 2023 年之前的经济观点的不同之处主要在于，要让经济回到更强劲增长的水平，需要解决的问题不只是周期性矛盾。”[15]

对这种观点的支持意见大量存在。瑞银经济学家达纳·萨波塔预测，劳动力市场中的岗位与技能之间的差距使美国失业率上升 1.5％。乔治城大学的经济学家哈里·霍尔兹说，这就相当于至少应该有 150 万个岗位有人从业。国际货币基金组织看到的技能就业断层更为宏大。国际货币基金组织经济学家帕里卡什·浪格尼预测，美国失业中 25％为结构性失业，相当于 300 多万个就业岗位。[16]

麦肯锡全球学院（2011 年）发现，美国超过 30％的公司都存在超过 6 个月的空岗，因为缺乏合格的应聘人员。2012 年韬睿惠悦的一份调查详细研究了 278 家美国公司。这些公司中 60%以上都报告说招聘有关键技能的员工有困难。这种招聘难度与 2005—2006 年几乎持平，当时经济蓬勃发展，失业率很低。[17]

人力资源管理学会是世界上最大的人力资源协会。在 2010 年 1 月和 2012 年 7 月之间，人力资源管理学会每月出版的国家就业调查货款指标显示，在空缺岗位和招聘难度两个方面总体都出现稳定上升。对于制造业和服务业公司中的工薪阶层和按小时计酬的工人都是如此。[18]

在 2011 年 10 月的一份分析中，人力资源管理学会职场趋势和预测经理詹尼弗·什拉姆说："人力资源专业人士报告说，尽管失业率很高，对于大量技能岗位，要找到合适的应聘人变得越来越难。"她补充说，这些一直存在的人才短缺问题使得各种规模的组织都有必要开发他们未来所需要的员工。"起步晚了的组织会发现自己处于劣势了。"[19]

处在边缘的世界

就业与技能的不匹配不仅在美国升级，而且在全球也是如此。有关这种危机的报道越来越惨淡。

在 2009 年和 2011 年，经济学人智库受伦敦的劳合社委托，对全球公司的执行官开展他们所面临的最大风险的调查。"人才和技能短缺的风险从 2009 年相对较低的第 22 位上升到 2011 年的第 2 位，" 2011 年的调查报告指出，"公司都感到管控这一风险的能力相对减弱了。"[20]

全球人才危机已经开始让各位首席执行官感到比经济滑坡更让他们担忧。大都会/人寿/马克西全球利益的一份调查（2012 年）发现，几乎 60%的执行官"……引述全球日益严重的人才短缺作为限制他们进入发达国家和新兴国家市场的因素，它比起经济衰弱，甚至政治不稳定更加突出。"[21]

尽管失业率高企，全球人才短缺却越发严重。世界经济论坛 2011 年发现，德国雇主有 70%报告招到合适的员工存在困难，包括西门子公司，在全球有 12 000 个岗位招不到人。同时，日本公司中有 80%报告招人有困难。加拿大 2010 年的一项研究预测，该国在今后 25 年需要培训、再培训或招用另外 420 万中等技能的工人（每年 168 000 人），才能使加拿大经济保持增长态势。[22]

2011 年，世界上最大的招聘公司之一人才公司指出：“世界处在全球就业能力危机的边缘。”[23]2012 年，该公司警告说，世界连续 7 年都面临人才不匹配的严峻形势。但是，只有 25%的雇主通过雇员培训和教育项目在应对技能短缺问题。[24]

“如果雇主现在没有意识到让一些重要岗位维持空缺状态是一个问题，”人才公司的主席和首席执行官杰夫·乔勒斯警告说，“他们在未来会意识到，随着失业率下降，有技能的人才将越来越难以招到。”他还建议说：“雇主的目标如果是维持自身竞争力，想要达到预期结果，当下就应该积极开发员工招聘和开发战略。”[25]

美国学生对就业准备不足

2012 年麦肯锡一份从教育到就业体系的报告发现：“不到一半的青年人和雇主……相信新的毕业生对入职职位做好了充分准备。”[26]

许多青年人对于他们高中学校为自己准备高等教育或职业生涯所做的努力感到不满。美联社 2011 年一份对 18～24 岁年轻人的调查报告说，大多数高中学校给学生在选择未来职业的求学领域，甚至在帮助他们寻找合适的大学专业方面所提供的帮助都是很少的。年轻人也说高中学校没有为他们提供今后学习领域的最新技术以及获得工作和实习的任何指导意见，用不及格的分数来评判自己的高中。[27]

在从教育到就业链条的另一端，制造业、信息技术、服务业和其他商业部门的雇主认为，美国学生落后于世界其他国家。卡特彼勒（Caterpillar）首席执行官道格拉斯·奥伯赫尔曼说，基础技术岗位每 10 个申请人中就有 6 个不合适，因为他们缺乏在阅读、写作、数学和科学方面的基础人文教育，“我们是那个教育体系的客户，我们看到这个国家中的教育体系失灵，而世界上的其他竞争者在各自教育体系中正在超过我们”[28]。

在俄勒冈州，位于波特兰附近的英特尔价值 60 万美元的新厂要增加 1 000 名新员工。但是，大多数人将来自其他州。“俄勒冈高中学生上大学的比例位列全美第49位。”英特尔一位高级副总裁勒尼·詹姆斯在2011年波特兰商业联盟会议上说。“我们可以有更好的表现。”[29]詹姆斯争论说，变革应该从本州的小学开始，学校应教给学生及其家长大学教育对他们未来职业的重要性。如果俄勒冈州对英特尔的人才要求不能有所行动，公司在计划开办另一家工厂时，其他州就可能会有行动。

整个美国情况都类似。在科学、技术、工程和数学领域拥有高等证书的大学毕业生和技术员数量到2010年时就一直保持在22.5万。这一数量远少于企业－高等教育论坛所预测的2015年达到40万的需求量，该论坛是企业领袖、高等学院校长和基金会领导的联盟。[30]

服务业的雇主也指出，美国教育在开发关键技能方面出了问题。州立农场互助保险首席执行官小爱德华·拉斯特相信，美国需要具有良好口语和书面交流技巧的雇员，他们具有批判性思维，在知识方面具有好奇心。“对这一问题不加处理的后果比今天看起来要严重得多。”拉斯特说：“我们不能将这个问题转给下一代。今天的人才应该接受教育，应对我们当下的挑战。”[31]

从人才悬崖中坠落

想象一下，如果我们有一天醒来，发现自己从人才悬崖中坠落下来，我们的企业和社会会发生什么。如果没有足够的水管工去修理破裂的管道；牙医来填补牙洞；金融顾问为婴儿潮一代提供退休账户咨询；或者技术员来做乳房X光照射，修理汽车计算机或者飞机引擎，或者修理纽约证交所的技术小故障，那会怎样？

这不再是无聊的推测。这一天已经来临。我们现在严重缺乏彼得·德鲁克所称的“知识技术师”，即具有分析能力和特殊的技术技能来运用新老技术的人员。

这种短缺大多出现在与科学、技术、工程和数学相关的职业。美国商务部预测，到2018年，与科学、技术、工程和数学相关的就业将增加17%，而其他职业相比起来只有9.8%。科学、技术、工程和数学技能在50多种职业领域都需要，从计算机/数学领域到工程、物理/生命科学和管理工作。[32]

乔治城大学教育和劳动力中心的安东尼·卡内瓦尔说，这些工作绝大多数都需要具有某些形式的高等教育和培训。他将需要的人才罗列如下：

- 几乎 2/3 拥有学士以上学位。
- 35%拥有准大学教育或培训，包括至少：
  - ▲ 100 万专科学位持有人。
  - ▲ 74.5 万证书持有人。
  - ▲ 76 万行业资格证持有人。[33]

最现实的情况：除非我们现在就采取积极的人才培养政策，否则我们就会面对一个许多人失业的世界，同时，越来越多的岗位招不到人。这不是大家想要或需要的未来。

人才聚光灯下的四个行业

在美国经济中有四个行业技能危机尤其严重。每个行业都有其特殊的问题和需要。

1. 医疗

需要人员：医生、护士、药剂师、实验室技术员、治疗师、牙医，或者是在卫生护理职业方面接受过培训、可应对迅速老龄化人口的人员。劳动统计局预测，到 2020 年，这一领域的就业会增加 20%以上。我们来看几个例子。

美国医学院协会认为，到 2015 年会缺乏医生 6.3 万人，到 2020 年缺乏 9.1 万人，到 2025 年会达到 13 万人。这些预测中的缺口一方面是因为病人数量增加；另一方面是预计到 2020 年，美国所有医生中的 1/3 会退休。美国医学院协会报告称，整个美国已经出现至少 1.6 万个初级护理医生的缺口。

为了减少缺口，在全国接近 20 个新的医学院已经恢复或列入建院计划。不过，要填补医生的缺口还需要很长时间。目前，至少 17 个州在全部 13 个医学分支专业之一缺乏大夫。美国最大的医疗配员公司 AMN 医疗服务公司的总裁苏珊·萨尔卡说，所有医学领域的需求量都在上升，包括儿科、老年专科、肿瘤科、急救医生和外科医生。[34]

在医生稀缺时，护士执业人员可以承担一定工作量。但现在已经有 10 万个护士职位招不到人，因此在缺乏医疗专业人员的美国地区，护士承担医生一定工作的做法在近期看来并非解决之道。

到 2020 年，劳动统计局预测需要新增 120 万名护士。利好的消息是护士学校在扩建。不幸的是，7.5 万多名申请人还是被拒绝，原因是缺乏师资、教室和临床教学场所，或者因为州财政预算削减。因此，美国到 2020 年可能还会面临 40 万名护士的缺口。当前预测，美国护士教育项目到 2030 年才能培养出所需数量的毕业生。[35]

在堪萨斯州，医疗危机集中在牙齿方面。堪萨斯 105 个县中几乎一半只有两名或不足两名牙医，15 个县根本没有牙医。

现在，美国 4 500 个地区牙医短缺，多集中在农村地区。医学院预测还需要新增 9 600 名牙医。这种缺口随着婴儿潮一代牙医的退休会继续扩大。[36]

2. 信息技术

微软华盛顿雷德蒙德园区雇用了 40 500 人。然而，2012 年，公司空岗数量从 4 000 人上升至几乎 5 000 人，而全美国未招到人的岗位数量超过了 6 000 个。谷歌也在努力将员工数量增加 25%，增到 6 300 个岗位（2011 年）。[37]其他技术公司信息技术工人的缺口也越来越大。埃森哲在美国需要 5 000 人，在全球共有 66 000 个职位空缺（2011 年）。美国电报电话公司有 2 800 个雇员招聘职位，从事信息技术操作、建筑、网络工程和技术实验室工作（2011 年）。所有这些空岗数量预计都会增大，因为未来经济会增长，退休人员也会增加。[38]

这些公司仅代表信息技术人才战争的冰山一角，这一战争将席卷整个行业，涉及从巨头集团到起步公司。2010—2011 年，新创造的信息技术岗位超过 8 万个。2011 年，职业创造人网络公司（CareerBuilder. com）发布了 3 万个技术工作招聘信息。不过，其中许多职位要求有 5 年以上信息技术经验的专业技能。技术研究公司加特纳认为，2012—2015 年，美国会创造出 190 万个信息技术就业岗位。[39]

一些公司通过提高工资和再培训等措施减轻人才短缺问题，一些公司更是着眼于未来。2012 年，微软和波音分别捐款 2 500 万美元，在华盛顿各州立大学科学和技术领域设立奖学金。

3. 航空

航空公司为了寻求更省油的飞机，对波音 787 梦幻客机和欧洲空客 380 的订单创下空前纪录。波音在 2012 年将完成制造 600 架左右的飞机。不过，两家公司都面临大量缺乏工人的局面。[40]

“这是一个全球性问题，”波音公司总裁、执行局主席和首席执行官吉姆·麦克纳尼说，“没有哪一个国家能够拥有足够的创造力、人才和知识来独自面对当今的市场挑战。许多有经验、高技能的工人即将退休，有能力、做好准备接替他们的工人数量不足。”[41]

波音的严峻形势可从以下事实加以判断：到 2015 年，员工中 40％会离职。“相当于 6 万名员工会在 5 年内（2010—2015 年）退休，”波音高级副总裁里克·史迪芬斯指出，“我们看不到能够满足需求的（招聘）后备人才。”[42] 这包括 8 700 名机械师（2012 年）。

波音和空客订单积压已经创下纪录。伯恩斯坦研究所估计（2011 年），空客和波音要花七到八年才能消化积压下来的订单。[43]

在 20 世纪 90 年代，波音飞机生产的进度也晚了，要向航空公司支付几十亿美元作为交货迟缓的罚款。波音开始了中学和大学教育的职业教育项目，提供 500 多个波音实习岗位。公司还与国际机械师和航空工人协会共同行动，为那些有意愿的工人在波音华盛顿埃弗雷特和威奇托组装厂提供再培训。这些项目并没有满足波音对技能工人的需要。[44]

2003 年，波音尝试另一种战略，将新的 787 梦幻客机转包给世界各地 25 家大型航空承包商和众多分包商。波音希望这种转包战略能帮助他们克服美国缺乏生产工人的潜在困难。

不幸的是，波音的转包战略结果是一场灾难。新的波音 787 比以前的模型要复杂得多，需要整合复合结构、数字技术和高级计算机。许多承包商无法按时交货，许多供应的零部件也无法组装在一起。吉姆·麦克纳尼承认这一计划“过于雄心勃勃……我们已经了解到了创新最前沿技术的风险，不会再作尝试了”[45]。

波音调整梦幻客机生产计划，将大多数生产引回到埃弗雷特组装厂间，还在南卡罗来纳州查尔斯顿通过收购以前的供应商沃特全球航天公司，增设了一个787生产基地。

里克·斯迪芬斯说，波音每年花费近8 000万美元用于员工培训（2011年）。波音正在招用几千名新员工，对新的航空技术员实施更加广泛的培训。波音现在对新入职的员工进行为期13周的培训，以前只有7周。这种变化源自于员工解决问题和交流能力不足。所有这些都是为了提高生产的总体目标。[46]

很明显，航空业面临着技能工人短缺的关键问题。2011年，吉姆·麦克纳尼警告说："没有强劲的输送未来人才的管道，公司就无法抓住新的机会。"[47]世界经济论坛2012年的一份调查发现，美国飞机制造公司中72%都报告说存在技能生产和其他技术人员重大缺口。[48]

4. 制造业

美国制造业大约占美国国内生产总值的12%，雇用了1 100多万美国人。制造业提供了近700万个就业岗位。美国出口60%以上来自这一行业。高度自动化一直在提升生产率，从1987年到2010年，每年提升4%。但是，2011年时美国制造业的雇员中，几乎270万人超过了55岁。[49]

为了继续提高美国生产率，现有的和新招的工人都必须知道如何运用最新设备。"人们必须接受再培训，学会使用新机器。"这是美国雇主普遍的口头禅，也是持续提高美国生产率和美国竞争力的关键投资。

美国在20世纪通过技术生产力为农业带来了革命。在21世纪，同样是美国工人的高生产率正在开始为制造业带来革命。比如，新泽西州的制造业就说明了这一变革。在20世纪40年代中期，劳动力中的50%以上从业于制造业。今天，只占大约7%。然而，2012年，美国制造产品的美元价值接近1.9万亿美元，为历史最高。在生产力方面令人称奇的增速，是由于数量更少的高技能人才使用了复杂的自动化设备。[50]

不过，一些报告和研究还不断敲响警钟，指出技能不足正在阻碍美国制造业的发展。高级技术服务/尼尔森的一份2011年的调查发现，接受调查的大型美国制造企业中有32%存在15人以上技能工人职位空缺。[51]招聘分析机构报告说，在美国，2012年9月，网上工程师招聘广告超出18.4万份，这比2010年同期增加了27%。[52]根据制造研究所和德勤咨询公司2011年的一份研究，美国制造业中有 60 万技能技术性岗位招不到人。[53]波士顿咨询集团一份研究警告，这十年接近结束之时，这种缺口可上升到超过 87.5 万高技能美国工人。[54]

国家工具和机器协会（2012 年）报告说，在美国 5 800 家工具和模具公司中，有 80%想招 1～5 名技术员。对高技能计算机数控操作员的需求也远高出了供给。在高技术制造业，他们控制计算机化的设备，这些设备生产零件或组装成品。由于自动化和婴儿潮一代退休现象加剧，美国每年需要新增 25 000 名计算机数控技术员。美国现在每年仅培养出 8 000 名新的操作员。每年 17 000 名计算机数控技术员的净损失，会影响到美国近期高技术制造业的潜能。[55]

这种技能工人的匮乏在很大程度上是因为制造业已经成为尖端科技产业。操作技术驱动的机器需要掌握冶金、物理、化学、气体力学、电焊和计算机语言等方面的基本知识。而且，技术工人在机器发生故障时还要具有解决问题的思维技巧。[56]

美国大小企业都由于技能与就业脱节而受影响。《华尔街日报》和伟事达国际的一份调查（2012 年）发现，小型制造公司中有 41%找不到具有它们需要的技能或经历的应聘人。[57]这包括为直升机生产传动器的伯特兰德产品公司。伯特兰德在印第安纳州南本德工厂有许多订单。“我们面临的最大挑战是缺乏高技能劳动力，”伯特兰德产品总裁保罗·伯宁说，“我无法接受订单，因为我找不到工人。”[58]

要重新建立输送技能工人的渠道，花销不会低。高级技术服务/尼尔森的一份调查发现，许多大型产业公司认为，技术人员短缺在 2011—2016 年间，将使培训服务增加至少 1 亿美元。2/3 的小型公司打算投资 5 000 万美元开发新的劳动力。[59]

“逆转全球化”：招回海外企业

美国制造业可能处于伟大复兴的边缘，这使得解决技能危机显得意义更加重大。波士顿咨询公司说，招回海外企业的趋势很可能是到 2020 年时，将 300 万制造业就业岗位从海外招回到美国。中国和其他低工资国家处在一个拐点。他们的研究显示，似乎更多的产品将会“回到美国制造”。[60]

招回倡议的总裁哈里·莫萨认为：“劳动力成本是公司决定将制造业转移或外包，从而向美国市场供货所考虑的首要因素。”中国工资过去 10 年以每年 18%的速度上涨，大部分成本节余量已不复存在。莫萨有关招回趋势说明中引述的其他因素包括：“希望将产品更快送到市场，对客户订单反应更迅速；减少运输和储存产生的费用；质量更高；减少盗窃贸易秘密，不用向外国腐败官员支付贿赂。”[61]

卡特彼勒首席执行官道格拉斯·奥伯赫尔曼决定，在得克萨斯的维多利亚开设一家新的卡特彼勒工厂，这一决定证实了莫萨的观察意见。搬回美国的决定是基于以下考虑：离设备购买商更近、运费更低，减少从亚洲发货所花的时间，以及当地技能工人的规模。[62]其他行业的领导人也同意。“将供给搬到离需求场所更近的地方这种新趋势对于许多制造商看起来好像都是新的变化。”埃森哲 2011 年的一份有关招回的研究得出如此结论。[63]

另外两份研究报告就招回的规模给出了更多信息。麻省理工学院对 100 多家跨国公司所做的调查发现，接受调查的公司中有 14%表示计划回国。[64]哈科特集团的一份研究（2012 年）发现，过去 8 年美国和中国的费用差距缩小了近 50%，到 2013 年将只有 16%。“当费用差距下降到低于 15%时，”哈科特集团负责人、战略和执行领导大卫·西尔维斯说，“经济机会将要求更多的公司重新平衡自己的供应链，将工厂搬回，离美国客户更近。”[65]

“将制造业搬回美国的潜在可能性是很大的，”美国西门子公司首席执行官埃里克·斯皮格尔说。“但是，如果公司寻找合适的人才有困难，许多事情就不会发生。”[66]

下一波的突破技术将会推出大量新的产品和服务就业岗位，本章早先已作描述。美国如果缩减了技能和就业之间的断层，就可以让劳工有更高收入的经济快速增长。

因此，我们为什么等到了现在？在美国各地，很显然都要提高年轻人和年老工人的教育和职业技能。做出这样的改革要消耗时间、没有光环，而且还不得人心。尽管我们已经考察的证据看起来强大无比，但是还存在很深的反对改变当前体系的文化偏见，在下一章，我们将考察美国流行文化如何影响了我们社会的就业视角。

第4章

职业文化——企业文化幻觉

技术开发很容易，但是，开创一种新的态度，将文化从一种思维定式转移到另一种，却是难点所在。[1]

——狄恩·卡门（Dean kamen），体感车发明人

职业文化幻觉

今天的职业文化问题是我们可能称之为科幻小说的内容。1959年，剑桥大学的一名化学家查尔斯·珀西·斯诺看到世界被分化为两种文化，他们为科学革命开战。分隔开来在两个阵营的是文学人士在一边、科学家在另一边（我现在可以加上中间的第三组——低技能人员）。一些科学家没有读过狄更斯，人文学科（现在还有商科）毕业生对科学一窍不通。后边这些人更加重要，因为他们要管理社会。

斯诺认为，这群商科－人文学科毕业生统治阶级，如果不是真的充满敌意，对于理解科学也是心不在焉的。他将这种文化沉淀不仅看成是科学进步的障碍，也是21世纪社会的未来真正的威胁。

其他一些专家同意斯诺的观点。“我认为大多数人对科学仍然存在误解。引起轰动的新闻报道和教育体系不足，意味着青年人和老年人都认为科学要么无趣或者危险，要么太呆板或者无聊。”受欢迎的数学作者西蒙·辛格解释说［《费马最后定律》（*Fermat's Last Theorem*），2002年］[2]。在大多数小学和中学，几乎没有将科学作为应用技术进行教学，也没有把理解科学列入学生的普通课程表内。

在女性人群中提升科学和技术的形象特别关键。2010 年，女性占美国学院和大学颁发的本科学位获得者中的 57%。但是，工程学科学士学位也只有 18%、计算机科学本科学位也只有 18%颁发给女性。而且，女性获得计算机学位的比例从 2004 年到 2009 年呈下降趋势。女性从事科学、技术、工程和数学相关的工作在美国不到 25%。[3]

“这是一个很好的公关问题。”线上广告技术公司（Skimlinks）的创始人爱丽卡·内瓦罗说，“这些工作的竞争对手包括媒体研究、公关和市场营销，而这些对手领域看起来更加让人兴奋。”[4]

大众形象是一个问题。除了很受欢迎的电视系列片《犯罪现场调查》（*Crime Scene Investigation*）外，科学家在媒体上几乎没有成为被人仿效的英雄。“没有关于科学家的节目。”英特尔首席执行官保罗·奥特里尼说，“随机让八年级的一个孩子说出一名科学家的名字，他们说不出来，但是他们知道 NBA 的得分王是谁。”[5]

今天职业文化最具有讽刺意味的是，青年人渴望消费所有最新的数字技术，但对信息技术职业毫无兴趣。然而，社交网络，如推特和脸书，本身并不能给他们在全球经济中拥有红火的职业所需要的技术和生活技能。这已经成为一个越来越大的社会、文化和经济问题。

大受欢迎的《星际迷航》（*Star Trek*）电视系列片很遗憾没有再热播了。电视剧全面、详细地展示了 23 世纪的未来。受过良好教育的技工在整个星际世界联盟都是生活的主角。不过，让-卢克·皮卡德舰长一边喝茶一边读书。他的舰队成员还表演莎士比亚话剧，演奏古典音乐。飞船的世界混合了高级科技、人文文化，甚至有自己的历史学家，非常有趣；但律师很少，也没有金融家和股市。

家长们也助长了青年人对科学和技术职业的偏见程度。许多人受到媒体或者他们自己工作经验的影响。新闻头条一直在叫嚷“工程师丢了工作!”每个人听到的都是“美国进入了后工业时代”和“美国制造业已经消亡”。家长将孩子的职业梦想也培养到广受追捧、有高报酬的领域，尤其是法律界或在华尔街的职业。名望因素和“贪心是好事”的心理使人们放弃选择医疗或科学职业，拥抱华尔街和金融产业，强化短期内“创造财富”的幻想。[6]

今天的职业现实

经济情况的艰难正在开始改变人们的职业视角。2011 年，法学院申请人数下降了 11.5%。商学院的申请人数也下降了。企业和律师事务所都在削减招人数量。许多公司最近几年都没给新招的人加薪。十年来人们开始第一次公开质疑获取法学学位或企业管理硕士的价值。[7]

对于许多在目前最热门的专业（比如通信或平面设计）求学的人或者那些学术界以外的与工作没有直接联系的理论领域的求学者，情况也是如此。尤其是出于高昂学费的考虑，学生和家长都更加谨慎地评估特定领域毕业生的就业机会。他们一直追问职业和大学辅导员、入学招生官有关特定专业和证书的就业安置率情况。

不过，如果对职业的探索和计划更早开始的话，情况会更好。家长真正需要的是为自己和孩子了解其所在城市和地区关于就业和职业的信息变化，应该从小学就开始提供。

学生需要多样化的课程，与他们的学习能力相适应，而不是典型的因循守旧的文化教学办法（见第 2 章有关不同学习能力的内容）。孩子们也可以在教室里感受就业和职业探索，或者在当地实地访问不同的单位，从中受益。

到初中时，每个学生都应该完成了个人职业和能力评估。学校辅导员应与每个家庭一起来考察这些信息，不用等到高中时才开始思考未来。这些信息可以给家庭一些时间，更为现实地讨论“你长大后想干什么?”

企业－技能脱节

从一般企业的执行领导层到高技能制造业的企业领导，其呼声日益强烈——“我们找不到更多的人才。”[8]

美国企业界并不理解人才的全局情况。许多人相信这样的幻觉，美国可以从技术－制造出口大国转化为后工业时代服务消费型经济，企业在工人教育和培训中做更少投资，美国经济也能增长繁荣。

“这种观点完全错了，”通用电气公司首席执行官杰夫·伊梅尔特说，“我们的经济偏向获利更快的金融服务。”伊梅尔特和其他许多领导人都很怀念曾经大幅度提升技能的岁月。[9]

现在，通用电气正力争将自己从一个大型的通用资本公司变回到一个生产节能洗衣机和烘干机、日光灯、喷气发动机和运用其他制造技术的公司。

这十年剩余的时光，企业对稀有人才的竞争将是空前的。公司无论大小，要招到好员工并留住他们都将承受很大压力。一些研究已经预测，在 2025 年前需要受过高中以上教育的员工数将新增 2 000 万到 3 500 万。他们在哪里呢？

对美国企业来说，问题很明显已经从人才管理转到了创造人才方面。人力资源管理学会的詹尼弗·施拉姆表示同意：“最终，更多的组织会得出结论，提供教育援助是解决人才短缺低成本高效益的方式。”[10]那他们还在等什么呢？

虽然美国拥有一些世界上受过最好教育的工人，但是国家没有像以前那样，给足够数量的人教育和培训的机会，让他们能够在中层技能岗位上从业，而每个行业最紧缺的正是这样的人。

许多公司都声称致力于培训和教育下一代技能工人，但他们出资不够。高等技术服务公司所调查的制造业总裁中，50％说他们的培训支出仅占总预算的 1％～5％。[11]许多小公司不愿意提供任何培训。

埃森哲 2011 年的一份调查发现，只有 21％的美国工人答复说，他们在过去 5 年通过公司提供的培训获得了新技能。[12]《学习的转化调查报告》（*Learning Transter Report*）杂志的编辑罗伯特·特里也指出：“根据连续不断的实证研究，学到的知识和技能只有 5％～20％能运用到职场。”[13]“正当及时的培训”这一概念，不管是网络学习、课堂学习，或者是两者相结合的学习，通常因为以下因素而受影响：员工未得到学习的时间、课程质量太差、教员本身受过的培训质量太低，以及雇员或者一线管理人员缺乏对培训的兴趣和支持。

培训和教育能帮助员工提高职场创新所需要的才能，提高个人业绩。全球物流公司利进的首席执行官尼克·琼斯尽管倡导企业重新开设内部培训项目或公司大学，但他还是说：“过去三年（2008—2011 年），企业作了大量裁减，不再为行业提供人才。”[14]

在技能与就业脱节方面，似乎存在一个基本管理幻觉。一方面，公司主管报告寻找合格员工越来越难。51%的主管甚至说他们增加了培训预算（德勤，2012年）。[15]不过，另一方面，大多数企业只愿意在设备上做更多投资，而不在员工身上投资。“人们入职的时候，似乎并不是已经具备了合适的技能来从事现代制造业的工作，”明尼苏达州凡德内斯高地的远景技术公司的总经理丹·明什克说，“技术好像比人发展得要快，……你不用给机器培训。”[16]

自从2009年以来，相比过去三次经济复苏时期，美国公司在设备和软件方面支出的增速要快。经济政策学院得出结论（2011年）：这表明监管费用或市场不稳定并不是公司主要担心的事。

其他公司在积累资金。41%的公司财务人员说，过去一年（2012年）这种趋势在增强。公司的这种计划会进一步深化。[17]

企业文化幻觉

短期思维主导了普遍存在于美国董事会会议室的企业文化职业幻觉。驱动大多数企业人才开发战略的思维是快速、廉价和便捷。这种企业文化幻觉中最弱的环节，还是致力于从外部招聘企业所需要的技能型人才。从美国本土之外的劳动力中招聘或自己企业之外招聘员工，意味着几乎没有雇主为自己的员工或下一代工人提供培训和教育机会。太多的企业已经放弃为未来的美国劳动力进行投资。

这并非是一项新的美国企业战略。美国在过去100年一直非常依赖外国劳工。想想1920年以前经过爱丽丝岛放行的一拨又一拨的移民。他们提供了一潮一潮的低成本劳工，帮助建立起美国的第一条组装线，在整个第二次世界大战期间壮大美国的工业。战争结束后，大量流离失所的欧洲人，包括德国的技术员、科学家和工程师进入美国，帮助美国在以后的40年扩大技术领先优势。[18]

不过，到了20世纪80年代，美国企业需要的高技能技术型人才高于他们从本土人才库储备中能获得的工人数。随着需要更多技能员工压力的增大，他们创建了两种人才安全观念：外国直接投资和实施H1-B人才签证项目。企业逐步从在岗培训和职业教育计划中撤离出来。

首先，美国跨国企业将不能在美国本土招到人才的几百万个高工资岗位出口到境外。这些岗位流到其他高工资国家。这些企业还要在那些国家花大价钱建工厂、买设备。表 4.1 列出了 2009 年美国公司在一些抽样国家的高工资就业情况。其次，美国开始大量进口外国技能人才。他们使用美国 H1-B 签证项目，每年为 65 000 个外国人提供 6 年期工作签证。该项目大受欢迎。2007 年，企业只用了两天就收到了所有 6.5 万个配额的申请。2008 年，再降到一天。[19]

表 4.1　　美国公司在抽样国家的高工资就业数

国家	就业数量
加拿大	100 万
英国（苏格兰加英格兰）	110 万
德国	61.5 万
法国	52.99 万
总计	324.4 万*

*大卫·维塞尔（David Wessel）．美国公司渴望新增外国就业．华尔街日报．2011－11－22，B1；戈登．2010 年大崩盘（2010 *Meltdown*），29—30 页。

2001 年，高盛经济学家吉姆·奥尼尔（Jim O'Neil）发明了一个新的术语：金砖国家，指代巴西、俄罗斯、印度和中国，从而创造出一组新的新兴经济大国。此后，南非加入其中（2011 年）。不过，美国企业的注意力还主要集中在中国和印度。他们认为这两个国家为他们的企业提供了源源不断的人才。

长期预言家对我们说，印度和中国会接管地球。他们力捧这两个迅速崛起的市场经济体的论调开始听起来有些让人无法抗拒。其他权威人士警告说，中国和印度会变成超级大国，盖过美国。[20]在以下的讨论中，我们考察两国在成为高技术经济强国的艰辛道路上会遇到的挑战。中国和印度都面临人才短缺问题，这些问题由于第三世界大量存在的经济社会问题而变得更为复杂。

中国和印度经济基础起点都比较低。他们巨大的人口都等着要消费。两国的大学院所并不能培养出用之不竭的高技能科学家和技术员。不断进行的经济自由化赋予这两个国家巨大的经济实力。

一些人将印度和中国的崛起看成是一场重大的经济格局调整。经济学家马丁·沃尔夫（Martin Wolf）说："未来的历史学家肯定会将这一时期称为

'伟大的交汇点'"。[21]他们是否正在实现新的全球实力再平衡？

印度希望自己蒸蒸日上的信息技术实力能得到应有的尊重，但基础设施不牢、腐败蔓延对印度作为大国的信誉提出挑战。

如此种种和其他一些因素让中国和印度的未来蒙上一层云团。一场宏大的人才大战正在进行，从中国的技术制造企业到印度的信息技术公司，他们都在寻找技能工人。这对美国的企业界影响深重，这些企业一直依靠从海外大量进口技能人才。[22]

我们现在考察这两个国家所面临的诸多人才挑战和大量的经济社会障碍。他们必须克服这些重大障碍，建立并维持有效的从教育到就业的体系，满足本国经济所需要的人才。

中国经济

2011年，巨人中国成了世界上最大的出口国、第二大进口国。中国拥有世界上最多劳动力，拥有世界货币储备的33%，以及最大的贸易顺差。中国在世界上个人储蓄量最大，也是许多原材料的最大进口国。

中国成为少有的几个社会主义政治体制下成功解放生产力并成为欣欣向荣的新兴经济体，尽管是带着中国特色。这看起来是一种前所未有的结合。[23]

这种模式被称为国家资本主义。这本不是新创意。政府管理中国的汇率，让这些出口企业受益。"四大银行"拥有11万亿美元资产，掌管着国家金融体系。他们向中国的民族工业提供低成本资本信贷。国有企业还获得资金，购买原材料和用工，这些是国家经济迅速扩张的内动力。[24]

这些企业还有其他一些经济局限性。政府拥有的钢铁产业就是一种典型的例子，该产业在世界上排名第一。不过，在美国安塞乐米塔尔公司市场和分析部经理罗伯特·迪西安尼（Robert Dicianni）看来，至少50%钢铁企业没有良好业绩。有些炼钢厂设备通常陈旧过时，钢铁生产处于亏损状态。[25]

中国获利更好的许多部门，如电信或绿色技术，主要是国有企业。

2003年以来，中国的经济奇迹是建立在出口和房地产两大支柱之上。中国社会科学院金融研究所所长易宪容说："在我们谈论中国经济实力时，应该小心不要夸大我们的实力。如果还不解决那些失衡问题，中国迅速增长的

GDP 就毫无意义。”社科院是国家支持的智库。[26]我们来考察人才危机和房地产泡沫两者潜在的全球影响。

“蚁族”需要技能

亚洲令人惊叹的经济发展模式始于第二次世界大战后日本从战败的废墟中崛起。首先，从产业发展中劳动密集程度最高的部分开始，生产价值最低、最简单的产品。然后，随着建立起由技能人才、物流和资本组成的新的基础设施，慢慢在价值链上向上移动。再逐步开始将低技能低工资的岗位出口到更贫穷的国家或地区。这是亚洲四小龙——韩国、中国台湾、新加坡和中国香港从日本抄来的经济模式。

中国开发了世界上最多的制造业劳动大军，超过 1.12 亿。麻省理工学院斯隆管理学院的黄亚声说，尽管有很多人在讲中国正在迅速进入“知识生产，经济的驱动力还是体力劳动、低成本和低利润的制造业，”以此来吸收数量巨大的农村劳动力。[27]彼得·赫斯勒（Peter Hessler）穿越中国，从农村到工厂旅行，他在《国家驱车旅行》（*Country Driving*）（2010 年）一书中说，他所遇见的工厂主支持“低投资、低质量产品、低利润和员工文化水平不高的低教育”[28]的说法。

不过，随着中国进入到高一级的经济发展阶段，在工业中心城市的企业正获得重生。联业集团是一家制衣公司，已经不再执行计件制。他们和杰西潘尼合作，通过电子方式管理衬衣生产，从东莞的车间到康涅狄格州的零售货架。生产费用已经快速上升，因为越来越需要有更高技能的技术工作。

铜牛工厂位于北京郊区，是铜牛针织集团中最大的工厂。劳动力最近的困局激发他们开始自动化。一台 50 万美元的计算机化机器将取代许多半技能工人。[29]

中国缺乏劳动力有两个深层次的原因。一是，中国从 20 世纪 70 年代开始实行独生子女政策后，生育率一直持续下降。30 年内少生了 3 亿多人。进入劳动力市场的 15～24 岁的人员在 2005 年达到最高，即 2.27 亿，预计到 2024 年会降到 1.50 亿。一些招不到技能工人的制造企业正在关闭生产线，中国已经失去了人口红利。[30]

二是，中国在升级为高技术制造时，面临技能人才的缺失。这包括扩大高级制造业、化工和医药工业、金融服务、研究和开发人员所需要的高技能技术人员，以及合格的管理人员。人力资源和社会保障部权威人士指出，人力资源结构与人才需求存在结构性矛盾，并且“已经成为中国实现构建创新型国家和经济转型目标的瓶颈”[31]。

中国现在是世界上最大的技术产品出口国——产品有个人计算机、手机和DVD播放机。一般来说，有些产品只是外国公司在中国组装，它们的高附加值成分来自设计方。随着中国在价值链上的升级，人才问题日益显现。[32]

问问中国的高级主管，他们的主要问题是什么，“人才短缺”列于榜首。人才缺失问题大多是由于中国的教育基础设施发展不够快，赶不上更快的由政府推动的经济发展。今后十年，人才可能是中国经济中最脆弱的环节。

人才公司基于对90%全球最大的500家跨国公司的一项调查得出的一份全球人才研究（2006年）发现，中国工程师、信息技术工人和其他专业人士都非常缺乏。过去五年，中国人才缺乏问题一直在延续。[33]

中国每年（2004年）从高等教育机构毕业的工程师超过60万人。显然，这应该可以提供足够的科学、技术、工程和数学类劳动力吧？但只看数字还不行。数量大并不等于质量高。麦肯锡全球研究所预测，中国工程毕业生中只有10%符合美国和欧洲大公司的全球专业标准。他们的能力不足包括：语言能力有限，得到的科学、技术、工程和数学教育质量差，工作方面存在个人文化问题，以及就业可及性问题。[34]

杜克大学的两份独立研究（2006—2007年）显示，印度和中国的教育质量远远低于美国标准。这些研究发现，两国教育的重点是数量，而不是质量，“……看起来好像是用工厂一样的办法来生产毕业生。”[35]《经济学家》得出结论，中国的根本问题是“在各个层面没有足够数量的工程师和科学家来生产高科技产品”。

依靠死记硬背的学习方法和不加探索的授课方式，影响了个人批判性思维和应用技能的开发。麦肯锡也发现，2010—2020年间，中国需要额外猎获75 000名有全球经历的管理人员。[36]《金融时报》经济学家马丁·沃尔夫（Martin Wolf）在总结中国人才总体情况时下结论说，中国是“泥足巨人”。[37]

2010年的一份预测说，这些大学毕业生中几百万扎堆在一起——在北京就至少有10万人。他们有一个新名字——“蚁族”，这是中国社会学家提出的，是指他们数量巨大。他们的本科学位来源于大量涌现的、不达标准的地方学校。大多数毕业生能找到工作，但获得的工资勉强够维持生活。“大学基本上没给他们带来能力的飞跃。”

2012 年的前 6 个月，中国新增全日制就业 600 万人。人力资源部门的调查显示，在中国 91 个城市，对人才的需要比技能工人的供给超出的数量创造了纪录。[38]

为解决技能人才的巨大缺口，政府开始了一项新的招揽人才的计划，旨在吸引散居在世界各地的 3 500 万华人回归祖国。至少有 20 万中国人已经回国。他们称这些人是“海归”或“海龟”。

要赢得这场人才战争，中国政府为海外人员实施了令人眩目的优惠政策：住房、子女随迁户口，在崭新耀眼的办公大楼内担任要职。魏刘在 2003 年回国，此前他在帕罗奥多市和科罗拉多斯普林斯市的惠普公司工作。普林斯顿大学分子生物学家施一公博士于 2008 年回国，在清华大学担任生命科学学院院长。饶毅于 2007 年离开了西北大学，成为北京大学生命科学学院院长。[39]

中国在培养大量人才方面存在重大的系统性结构问题，这实在不应该让人感到奇怪。“文化大革命”对教育的冲击最大，使得中国教育到了 1977 年才走上正轨，1982 届是第一届毕业班级。但是，还要花上几十年的时间，国家的一些机制才能迅速跟上市场经济需要更大、更自由和更高质量的教育和就业体制的要求。

2011 年回国的学生数比前一年上升了 40%。2012 年，中国实施了新的“来去自由”的法律，包括为已经获得其他国家国籍的海外华人提供的人才签证政策，为在中国开办企业和贸易提供方便。[40]

近期，随着中国经济开始放缓，低技能农民工就业会迎来挑战。对美国企业来说，不管美国将 H-1B 的签证数量提高多少，实际情况将是中国很少能有富余的技能人才去应聘海外工作。

面对未来

2010 年，中国政府宣布，国家支持开发七种新型战略产品的政策：高端设备（飞机、高铁、卫星），新型能源汽车，生物技术，环境技术（能源效率、控制污染），替代性能源，高级材料和下一代信息技术（云计算、高级软件)。另外，2010 年 6 月，政府发布了《国家中长期人才发展规划纲要(2010—2020 年)》，其中宣布计划将技能人才从 2010 年的 1.14 亿增加至 2020 年的 1.80 亿。[41]

目前，技能人才短缺使劳动力成本猛增。而且，全球的消费者需求潮也推升了商品价格。通货膨胀已经开始常态化，每年价格上升 5%以上。2011 年 6 月，增长率为 6.4%，是 3 年中增长最快的。

中国爆炸式的增长主要靠低工资出口经济和大量投资于基础设施和房地产来拉动。地方政府将资金过多使用在新道路、桥梁、地铁以及样板楼和零售项目，导致一波坏账，也衍生出房地产大泡沫。中央政府成功实施经济软着陆的希望正在消失。[42]

中国应该关注正在变化的全球化浪潮。过去几十年，如美国这样的高成本国家的制造商已经提升了工人生产率，更有竞争力。他们重新组织生产，投资于节省劳动力的新技术。

哈尔·赛金（Hal Sirkin）是位于芝加哥的波士顿咨询集团的制造业专家，他相信不久后，美国公司将生产转包到中国就没什么价值了。“他们会发现他们在美国国内的生产费用并不会更高。”[43]其他物流专家也同意这种回归的预告。中国需要找到新的经济模式。

从邓小平 1992 年的观察“新加坡社会秩序很好”开始，中国就一直对这个富裕的国家称奇。他们很看重新加坡的威权主义和国家产业政策。新加坡成功的核心是自由开放的经济体制。外国跨国公司都奔向新加坡，因为这一国家具有出色的基础设施、受过高等教育的劳动者、开放的贸易路径、完备的法治体系、极少的腐败，以及税收很低。

北京采取了新一轮政府改革，并且采用与经济改革一样的力度。历史证明，没有 30 多年的向全球市场的改革开放，1978 年以来令人称奇的变化就绝不会发生。[44]

印度经济

1991 年，印度放弃了苏式社会主义中央计划经济模式，甩掉了著名的“印度增长率”，即每年 3%。当时印度的财政部长曼莫汉·辛格启动了资本主义改革，推动经济向上增长。

突然间，印度跳到前列，成为机会王国。到 2009 年，印度创造出 4 万个新的百万富翁，公民生活比以前大为改进。然而，印度也是一个充满矛盾的国家。经济增长的利益在 12 亿人中的分配极不平均。联合国儿童基金会 2010 年的数据显示，42%的人仍然生活在每天 1.25 美元国际贫困线以下。所有儿童中，46%营养不良（2011 年），农村失业率几乎达到 30%（2011 年）。

印度常常像是一个失败的国家。印度令人窒息的民主使得做生意异常困难；所谓的执照王道滋生出大面积腐败。公共学校体制一片混乱。人才增长受到限制，因为印度许多高等教育机构的学术质量非常低劣。印度道路、电力、水和铁路等基础设施严重不足，令人惊异。这些都催生了大量的城市贫民窟。

印度的兴旺富了少数人，而多数人仍然深陷贫困。这种有缺陷的经济加深了两极分化，这是国家内部最大的安全威胁。

经济改革 20 年之后，农业印度转向工业强国的图景不应该是这样。印度“……有失去动力的危险”。印度工商联合会秘书长拉吉夫·库马如是说。[45]

什么人才红利？

支持印度经济不断蓬勃发展的一个支柱是人口现状，印度一半人口都在 25 岁以下。印度人口红利预示着未来巨大的劳动力数量，还有可能出现的大量中产阶级消费群体。

2030 年前，印度将超过中国，成为地球上人口最多的国家，达到 14.5 亿人。不过，印度人口要年轻得多。印度将拥有世界上最多劳动力——9.86 亿人。但是，如果不接受更好的教育和高质量的培训，这种人口红利可能变成一场幻觉。国家文盲率现在是 26%。印度教育体制薄弱，几百万没有良好教育的年轻人注定不会有好的就业前景。[46]

人才：神秘与现实

由于人口巨大，印度具有工人供给量大的潜能。印度每年增加 60 万工程师（相比美国的 8.4 万人）。200 多家跨国公司将研发中心设在印度，利用这些工程师队伍。而且，印度大量在海外获得博士学位并且在西方工作的人员，也被好的工作机会吸引回到国内。[47]

不过，对印度技术学院和大学毕业生的就业能力的多份研究给出警示信息。志向远大人才公司开发了 AMCAT 标准化就业考试，堪比美国的 GRE。考试结果帮助各家公司来评估印度几千名工程和计算机科学的学生。AMCAT 考察学生的分析、语言和计量技能，评估其解决商业问题、团队合作和其他批判性思维的能力。志向远大人才公司在 2010 年报告指出，接受考核的工程师中只有 4.2%适合在软件公司工作。另外 17.8%适合从业于 IT 服务公司。但是，他们也都需要另加 6 个月的专业培训。这些成绩比早期麦肯锡全球研究所调查发现的 25%具有就业能力的数据（2005 年）还要差。

尽管印度最好的大学，如印度技术学院，与美国常青藤学校处于同一水准，但总共只有 16 所。然而，印度在工程学院上学的学生却增加了 4 倍，从 2000 年的 39 万人增加到 2011 年的 150 万人。这种扩张以质量为代价。印度全国软件和服务公司协会的研究发现，技术毕业生中的 75%、普通大学毕业生中的 85%无法就业。[48]

究其原因，大都是因为印度的高等教育体制是建立在不牢靠的基础之上。6～14 岁年龄段的每个儿童接受免费义务教育的立法才刚刚在 2009 年通过。

不在少数的老师不去上课，无数叫不上名的学生挤在破旧的教室里，这些教室通常连最基础的教学设施都没有，甚至没有饮用水。印度劳动力中的 35%是文盲。只有 15%的学生读到高中，能毕业的仅有 7%。印度女孩大约一半是文盲。对于那些看了《世界是平的》（*The World Is Flat*）（2005 年）等书籍或文献电影《200 万分钟》（*Two Million Minutes*）（2007 年）之后认定印度是优秀教育的凯模、提供大量人才的大多数人来说，这种现实实在太令人吃惊了。

普拉坦姆（Pratham）是一家非政府组织，旨在改进印度穷人的教育状况，它出版的《2010 年教育工作者现状年度报告》（*2010 Annual Status of Educators Report*）对 13 000 所小学的学生情况进行了调查。报告发现适龄儿童入学率在 96%以上，但是五年级学生中几乎有一半达不到二年级的水平。只有 36%的人会做简单除法，比率相比 2009 年还有所下降。而且，还没有入学的儿童有 900 万～1 500 万。这是教育的现状。[49]

普拉坦姆报告的作者之一阿米特·考什特认为，印度“如果不想失去下一代人”，就必须作出紧急调整。阿兹姆·普雷姆吉的目标正是要这样做。他是印度信息技术巨头威普罗公司的董事局主席。他的教育基金会正在 1 500 所小学帮助培训新老师运用更好的教学方法，目的是极大改进学生的阅读技巧、数学能力和逻辑技能。和微软奠基人比尔·盖茨一样，普雷姆吉先生是一名亿万富翁。他希望，自己基金会在公共和私立学校的工作最后能为印度千百万儿童带来变化。[50]另外 11 500 所小学校也急需类似的转变。

在人才准备的另一端是顶尖的商学院——印度管理学院。每年考生有 242 000 人，竞争 2 200 个名额（2009 年）。扩大这些顶级高等教育机构的计划因为政府严格监管而被推迟。

印度现在有 13 所管理学院，2010 年后增加了 6 所，因为学生需求增大了。与其他国家 MBA 精英项目不同的是，这些学校大多数学生毕业时能分配到有保障、收入高的工作。要在许多企业部门管理迅速扩大的业务，需要他们。

印度人才缺口也推动产生了大批私立学校。这些学校每年推出多达 10 万名毕业生。不幸的是，印度没有独立的认证机构来保证商学院的质量。结果就是印度商学院毕业生的知识和能力从世界级到极其低下都有。印度工商联合会高教司司长萧巴·米什拉·高什认为，这些私立商学院只有 5%～10%能够提供高质量教育。

为了缩小人才差距，政府 2010 年向议会提交了一份法案，允许外国大学在印度设立分校。法案未获通过。100 多所外国教育机构已经为有经验的管理人员提供职业、技术或管理课程教育。美国杜克大学福库商学院与印度管理学院联合，已经开设公司总裁项目。不过，杜克不能单独在印度开办自己的商学院。

印度企业的一个重要人才来源是每年在国外学习的 16 万名学生。模仿中国在人才战争中的做法，印度政府成立了海外印度人事务部和回归安置基金来帮助吸引在外人士回国。2009—2014 年间，大约 10 万人从美国回到印度，这是哈佛大学的一名研究员维维克·瓦达哈预测的数据。许多人会加入跨国公司，成立新的企业，甚至进入政府幕僚。[51]

公私伙伴关系是解决印度缺乏技能工人问题的另外一种措施。1952 年，印度政府开始开办职业中心，为印度培养高技能技术员。从此以后，尽管技术已经高速发展，但国家开办的2000多家技术培训学校却基本没有变化。不过，从2007年以来，印度各地的几百家企业，包括伊斯帕特钢铁公司、英雄本田、塔塔汽车和玛法特拉尔制衣公司，与技术学院结成了新的伙伴关系，他们一起合作提升了学院的许多课程和技术。不幸的是，并不是每个培训中心的主任都热烈拥护这种伙伴关系。“这是一个很缓慢的过程，”一家特殊塑料包装公司查拉塑料的奠基人萨巴哈什·查拉说，“但是我们觉得我们在朝着正确的方向行动，尽管速度没有我们想要的那么快。”他的企业一直想招人——“帮帮我们，招聘导师人员。”但没有人来。[52]

正如我们所了解的那样，印度人才问题的核心在于大量年轻人就业能力差。这是国家人才矛盾的根源——高失业与整个经济劳动力短缺并存。2011年工资增长了大约13%，这是休伊特公司提供的数据，原因是大量缺乏人才。企业总裁和决策人一样，担心国家未能为大量农村贫困青年人提供技能培训。印度必须建立起可行的教育到就业的体系。“今后四五年，很可能印度的增长机器会停下来，因为国家不能创造技能，而不是不能创造就业。”摩根大通集团的亚罕吉·阿齐兹说。[53]

印度需要更多的技能工人，而且要快速提供。世界银行（2009年）预测说，在今后的十年只能找到所需技能工人的不足一半来建设现代化道路、供水、发电体系和住房。印度已经过度使用的基础设施几十年都没有投资，因此工人维护的技能也流失了。[54]

印度会收拾这种懈怠乱局吗？除非印度人力资本基础扎实了，基础设施都修补好了，否则印度21世纪不可阻挡的崛起就根本得不到保证。可以肯定的是，接下来几年，吸引到美国、加拿大或欧盟就业的最有才能的印度人数量会下降。

治理贪腐

印度国内外许多人将腐败定为印度面临的最大问题。“按市场经济正常的竞争概念，最有效率的公司会升到最顶端。但在受腐败侵蚀的经济体的一些地区，最腐化的公司升到最顶端。”国立公共财政和政策学院教授阿佳·沙这样说。[55]

2010年和2011年，大量腐败丑闻让印度动荡不宁。最臭名昭著的一个例子是2010年德里英联邦运动会政府为每卷手纸支付80美元。在激进人士和一些立法人员的支持下，成立了“人民卫士”，这是一个独立的道义机构，有很大权力，可以对当选高级官员、司法人员或者各级别的政府官僚的贪腐和受赂进行调查和起诉。[56]

印度总理曼莫汉·辛格立志要治理腐败问题。这也许是他总理生涯中最大的考验。现在印度应该从根本上改革自己的企业气候，做出严肃的改革，成为开放、有竞争力的招标体系，制定有生命力的公共采购政策/标准，以及清除公务员腐败。[57]

“一切皆有可能”

1951年，印度的第一任总理贾瓦哈拉尔·尼赫鲁制定了国家的第一个经济计划。他预测年增长率为2.1％。他的预测还是有雄心的。如果可持续的话，尼赫鲁计算国家财富需要增长600％，才能让印度的群众达到“真正进步的生活水平”。在英国统治下，印度经济每年以0.1％的增速爬行。

几十年来，印度的比哈尔邦按尼赫鲁的低增长率跌跌撞撞向前发展。2010年，首席部长尼迪什·库马宣布，过去五年比哈尔邦平均增速达到11％。这使得这个农村邦成为全国经济增长第二快的邦。这种奇迹是怎样发生的？

库马先生作为改革家当选后，首先打击各个层面的犯罪和腐败，甚至盯上了国家议会和邦议会的地方议员。然后，他为没有上学的250万孩子开办学校。一年内，诊疗室接待病人量从每月30人上升至300人。政府规定放松了，地方贪腐受到惩处，这样将亿万资金释放出来，用于修筑新路，在窄巷内安装电灯，设立更多派出所，开办更多学校，铺设更多水管这样的基础设施项目。

“如果比哈尔邦都能改变，那么印度任何一个地方都能改变。”亚洲发展研究学院的赛巴尔·古普它说，“如果有良治和好政策，有法制和秩序，一切皆有可能。”[58]

1991年7月24日，时任印度财政部部长的曼莫汉·辛格向议会陈述了一份预算，改变了这个国家和整个世界。辛格开始向外资开放工业，并改革了关税规定。他废止了生产配额和许多企业执照规定。辛格开始对世界开放印度经济。

印度在一代人的时间就将人均 GDP 提升了 230%。那么，现在还需要做什么使更多的人能体验到中产阶级的生活方式呢？辛格的改革还只完成了一半。

印度惨淡的物质基础设施状况是经济发展的一大主要掣肘。曼莫汉·辛格政府空前关注这种基础设施缺失问题。他们计划在以后 6 年内花费 1 万亿美元。不过，地方政府的官僚作风和不积极的态度使全国大部分地区的基础设施建设陷入困境。因此，管理更完善、教育水平更高的西部地区的各邦比更贫穷、更腐败的东部地区各邦更能吸引海外投资商。这导致地区经济之间出现很大差距。

第一，在各层次都应该大力杜绝贪腐和裙带关系。第二，应该在人才培养和教育方面大力投入，使高质量的教育与人民普遍接受教育相匹配，以提供印度经济在提升服务和产品价值链过程中所需要的人才。第三，应该消除普遍存在的妨碍经济扩张发展的基础设施瓶颈，同时改善农村地区和超大城市的实际环境。

毫无疑问，印度作为越来越解脱束缚的国家，会继续崛起。发展速度很大程度上取决于古老的思维方式能够快速适应全球经济的现实。[59]

谁会赢得有关技能和就业的战争？

2011 年，我观看了中国爱乐乐团一场感人的演出。自从他们 2000 年 12 月在北京举办首场音乐会，他们已经在世界各地进行了巡演，2009 年被留声机组织选为“世界十大最有灵性的乐队”之一。这个加州演出组织指出，乐团当选是“因为基本上可以说，他们独家将西方古典音乐带到一个庞大民族的耳边和心里，而对于这个民族西方音乐几十年都被禁止。这个乐队的人在推广西方古典音乐上做出了巨大努力，并且（与其他人一起）做得很好。”[60]中国爱乐乐团是一个杰出的例子，说明中国和印度过去 30 年在文化、经济和社会方面取得了多么大的进步。

不过，这两个国家要通向何方？中国和印度还会继续为美国和其他工业化经济体提供他们稳定经济增长所需要的人才吗？中国和印度会通过扩大自己的人才储备超过美国经济，从而促进全球经济共存共赢吗？

人才的浪潮已经发生回转，因为印度和中国的人才猎头劝导他们的国民回国，积极参与国内经济的蓬勃发展。同时，美国缩紧了移民政策，提高签证申请费来筛除潜在的恐怖分子，不让他们进入美国。现在可能要等十年才能获得美国永久居住证。最后，其他许多国家也在挖掘同样的科学技术工程数学人才，向外国人提供吸引力强的就业机会和永久国籍。加拿大、德国、英格兰、新加坡、巴西、澳大利亚和其他一些国家在劳动力方面也存在大量缺口。他们都在猎取同样的人才，向外国人提供很有吸引力的就业机会和永久国籍。

2011 年，世界经济论坛发现，印度移民回国的人数比移民到美国的人数要多。考夫曼基金会的一份单独研究报告《失去世界上最优秀、最聪明的人才（2009）》［*Losing the World's Best and Brightest*（2009）］是在调查了在美国上大学的 1 200 名外国人的基础上写成的，调查发现，32%的印度学生和 52%的中国学生相信在他们自己的祖国而不是在美国有更好的就业机会在等着他们。[61]

中国教育部估计，2009 年曾经在海外留学的 108 000 名中国人回国了，相比前一年增长了 56%。2010 年，接近 135 000 名中国学生回国了，比 2009 年又增加了 25%。[62]安永亚太地区的人事主管宾·沃尔夫表示同意，在美国的中国学生越来越多的回国了。《华尔街日报》引述了她 2011 年 7 月的评估判断："那里竞争很激烈，经历超群、有双语技能的人才很抢手。"[63]

考夫曼基金会赞助的一项 2010—2011 年的调查发现，印度回国移民中的 72%说，他们在国内开办企业的机会比在美国好甚至好很多。对于中国回国人员来说，这一数字高达 80%以上。[64]

由于这样或那样的原因，近年来美国 H-1B 签证申请情况出现很大波动（参见表 4.2）。一些人说，H-1B 签证 2 000 美元的新申请费、大量的法律费用或其他安全审查，有可能影响公司和一些潜在的申请人的积极性。最近申请人增加可能是因为中国和印度出现经济下滑。这种情况可能促使这两国的人在美国寻找就业机会，而不是回国。不过，一旦两个国家目前的经济问题得到解决，我们几乎可以肯定它们对技能人才的需求就会上升，从而促使这两个国家的留学生再次回国寻找就业机会。

表 4.2　　　　发放 H-1B 签证配额需要的时间波动

年份	发完配额时间
2008	1 天
2009	8 个月
2010	9 个月
2011	33 周
2012	10 周
2013	5 天*

*尼尔·瑞芝和吉尔·威尔逊：H-1B 签证竞争的终结，布鲁金斯学会，2012 年 6 月 13 日，网址：http://www.brookings.edu/blogs/the-avenue/posts/2012/06/13-immigration-ruiz-wilson；希亚瓦他·布莱，5 天填满高技能签证配额，《波士顿环球报》，2013 年 4 月 6 日，网址：http://www.bostonglobe.com/business/2013/04/05。

H-1B 签证不能解决美国企业当前或未来技能人才的需求问题。美国大型技术公司的老总还用增加 H-1B 签证的老办法来吸引人才，殊不知 H-1B 签证的大好时光基本上已经完结了。

正如乔治城大学教育和劳动力中心的科学技术工程数学报告中所警告的那样："其他国家的工资竞争力越来越强，我们还能否运用这种战略是一个无解的问题。我们很可能无法成功竞争到国际上的顶尖人才。"[65]

沃顿商学院经济学家彼得·卡皮利指出，美国大型公司目前采用的人才战略是从本组织外招聘 66%的人来填补新出现的空缺岗位。这种政策与上一代存在很大不同，当时美国工作岗位的 90%是通过组织内晋升来获得。[66]

我们已经说明，就业与技能脱节在美国劳动力市场催生出日益高涨的空岗浪潮。随着更多的技能人才退休、就业技能要求进一步上升，这种状况一定会恶化。H-1B 签证只能提供所需技能人才的一小部分。相反，美国企业应该将时间、财富和人才投资在重建美国 21 世纪有效的教育到就业体系。

几十年来，美国企业都依赖外国人才，视之为满足人才需要最廉价、最快捷、最有帮助的方式。有令人信服的证据显示，能这样做的时代已经基本结束。这种企业文化幻觉的错误已经暴露在世人面前。

美国企业应该回到技能与就业的竞争中来。家长、学生和企业界都应摈弃过时的职业和企业文化幻觉，全面理解美国已经进入新的网络智能时代，已经深刻改变了就业和职业的全球需求结构。猎获美国未来的人才应该从国内开始，否则就不会有结果。

“盲目无知地拒绝对错误情况进行改革以及调整社会适应现代工业条件的各种努力，并不是真正的保守主义，而是导向最粗放的激进主义。”这是西奥多·罗斯福总统 1908 年说的话。[67] 他理解一个负责任的社会在变革时代应该做什么。今天美国的文化是否同意他的观点呢？

企业应该再次投资到美国当前和未来的劳动者身上。家长们无论在哪，都应该倾听奥巴马总统给费城学校孩子们讲的话，进行思考，并采取行动：“当世界各地的学生在中国北京或者印度班加罗尔比以往都更加刻苦学习，成绩比以往都更加优秀时，你们在学校的成功就不仅决定个人的成功，还将决定美国 21 世纪的成功。”[68] 奥巴马总统的话要么预示美国的未来，要么是美国的挽歌。

第 5 章

“弥天大谎”

美国没有教育好自己的学生，让他们去做好竞争的准备，这威胁到美国在全球经济中兴盛的能力。[1]

——哈佛大学肯尼迪学院

美国人通常对学校改革有很强的抵触想法。大多数家长都相信自己孩子的学校还不错，问题存在于其他校区、城市或城中区。这就是存在于美国学校文化现状中的“弥天大谎”。

数量越来越多的美国和国际报告针对美国目前的教育状况亮起了红灯，批评美国学校改革近 40 年几乎一事无成。其中一个主要问题在于美国教育质量参差不齐。微软董事会主席比尔·盖茨曾说：“我们的公校跨度很大，好的特别出色，差的骇人听闻，孩子学校是好是坏纯靠运气。”[2]

世界上许多地方，公共教育的质量、内容和资金主要由国家政府决定，通常是经济发展政策的延伸。然而，在美国，50 个州政府和各个地方社区对公共教育的内容、质量和资金都有很大的影响力。

美国教育在各个层面都有优秀出色的地方。美国有许多世界顶级的高等教育机构，吸引大量来自其他许多国家最优秀、最聪明的学生。但是，尽管美国的学校投资比其他任何国家都要多，普通教育体系的结果还是差强人意，徘徊在平庸与惨不忍睹之间。

以下报告指出了美国教育中的堵点，这些问题侵蚀了美国的国际排名，妨碍美国努力用人生和事业成功所需的知识来武装当下的学生。

美国国际排名下滑

2008—2009 年，美国在世界经济论坛全球竞争指数排名第一。2012 年，美国下降到第七名。一个主要因素是国家在提升人民收入水平和机会方面有所欠缺。竞争力更强时经济增长更迅速。[3]

正如唐·佩克在《紧缩》（*Pinched*）（2011 年）中指出的那样：“当然，最重要的是创新经济依靠出色的教育体系和有良好教育的劳动力。”[4]1990 年，经济合作发展组织（OECD）将美国列为世界上 25～34 岁具有大学文凭比例最高的国家。2010 年，美国滑到经合组织中的第 14 位。[5] 在 20 世纪多数时期，美国教育的产出质量超越其他所有国家，这是基于美国人力资本的“独特性”。今天，这种“独特性”消失了。

受过良好教育的美国人的比例相对于其他富裕国家，处在平均水平以下。美国科学院警告我们说：“世界上先进知识广泛传播，廉价劳动力唾手可得，美国在劳动力市场和科学技术方面的优势开始减弱。”[6]

美国参加 3 项国际大型考试：国际学生评估项目（PISA）测试 57 个国家和地区 15 岁学生的数学、科学和阅读能力；这一考试由经合组织赞助。国际数学和科学研究趋势（TIMSS）测试四五年级学生的数学和科学能力；36～48 个国家和地区参加。国际阅读水平进展评估四年级学生的阅读理解能力；40 个国家和地区参加。

哈佛大学肯尼迪学院研究发现，从 1995 年到 2011 年，美国学生在这些国际考试中的分数大约提升了一级。三个州提升得最多：马里兰、佛罗里达和特拉华，他们与马萨诸塞、路易丝安那、南卡罗来纳、新泽西、肯塔基、阿肯色和弗吉尼亚这些州一起构成前十名。总体来说，24 个国家落后于美国，24 个国家提高更迅速。[7]

比如，在 2009 年的 PISA 考试中，美国 15 岁学生中只有 32％数学合格。美国在所有国家中排名第 32。22 个国家明显好于美国学生，包括 58％的韩国学生和 56％的芬兰学生。美国白人学生中数学合格的只有 42％，这种比例被另外 16 个国家中所有学生超出，比如日本、德国、比利时和加拿大。[8]

2011 年 TIMSS 的考试结果略好一些。美国学生的数学和科学分数比成绩最好的国家低得不多。八个州——马萨诸塞、明尼苏达、北卡罗来纳、印第安纳、科罗拉多、康涅狄格和佛罗里达的学生这两门学科的成绩都比国际平均分高。不过，美国学生中只有7%数学科目的得分处于高级水平，相比两个成绩最好的国家——新加坡48%、韩国47%，美国是大大落后了，应该引起特别注意。[9]

权衡美国学生的考试成绩的时候，对美国和其他高分国家政治和文化方面的主要区别采取平衡的态度很重要。不过，这些差别不应该被当作借口。

好消息是有的。在总量方面，美国比所研究的其他任何国家培养出的高分学生都要多。在阅读和数学两科，美国的高分学生比德国、法国和英国的加在一起还要多。美国阅读方面得高分的人数比日本和韩国阅读高分人数的总和也要多。

但是也有很多坏消息。美国是世界上最大的经济体（2012 年 GDP 为 15.6 万亿美元），国家人口在世界列居第三位（2012 年为 3.14 亿）。美国经济的发展需要更高比例的在阅读、数学和科学科目上得高分的学生。数学方面，美国学生 PISA 得分在最高水平的不足 10%。这种比例低于经合组织国家 12.7%的平均值。5 个国家——南非、瑞士、芬兰、日本和比利时，20%的学生达到最高水平。

美国研究所副所长和国家教育统计中心前署长马克·施耐德将美国学生中欠缺成绩突出者这种现象称为“令人不安的一种发现”。他说：“在现代经济，需要大量受过良好教育的聪明人来驱动创新，驱动创造力。”[10]

在总量方面，美国培养的低分学生比其他任何一个经合组织国家都要多，包括像墨西哥和土耳其这样的发展中国家。在阅读和数学两科上，美国孩子中低分人数超过德国、法国、英国、意大利和日本之和。

非洲裔美国学生 50%数学得分低。这个比例比除智利和墨西哥以外的任何一个经合组织国家都要高。在阅读方面，只有墨西哥的得分比这些美国学生要低。在阅读和数学考试成绩方面，对于许多家长来说，最后一个令人担忧的情况是现在美国教育体系培养的低分白人学生与黑人学生一样多。[11]

麦肯锡 2009 年一份研究——“美国学校成绩差距的经济影响”以分析经合组织数据为基础，得出报告说：“由于对国家人才潜能中如此大的比例未加开发利用，使得美国经济中技能不是应有的那样丰富。其结果是，平均来说，美国工人在开发、掌握和适应提高生产率的新技术和方式方法方面，没有应具备的能力。”[12]

该报告总结了经济方面的发现：“教育方面的差距长期存在，给美国造成的影响无异于国家经济永久下滑。”[13]

国家报告卡：成绩平平

过去20年，美国改进全美义务教育的行动一直广受关注。美国教育部启动了教育进步国家评估计划（NAEP），也称为国家报告卡，测评全国四年级、八年级和十二年级学生的成绩。1992年以来，四年级和八年级学生NAEP的阅读和数学考试大都每两年组织一次，考试成绩按500分进行报告，分为四个等级：低于基础、基础、熟练和高等。

过去20年，尽管数学考分有所提高，但总体成绩却很一般，有些甚至很不起眼。进步最大的是四年级数学，学生得分在熟练以上的比例上升了21个百分点，从18%上升至39%。在八年级，大约提高14%。不过，阅读成绩只提升了4个或者更低的百分点。还有，2011年NAEP考试成绩显示有一大批低分学生，四年级学生中18%、八年级学生中28%数学科目低于基础或及格水平。在阅读科目，四年级学生中34%、八年级学生中接近25%得分低于基础及格水平。[14]美国教育部部长阿恩·邓肯对2011年考试成绩进行评价时说：“尽管从2009年以来，四年级和八年级两个年级在数学科目、八年级在阅读科目上都有提高，但是很明显，提高得还不够快，我们国家的孩子们无法在21世纪知识经济中开展竞争。”[15]

在2009年NAEP科学考试中，只有大约1/3的四年级学生、30%的八年级学生和1/5的高三学生得分达到或高于熟练水平。在高级水平，100名学生中只有一两名达到。十二年级科学科目达到熟练水平的学生数比NAEP从2005年开始所设的历史以外的其他任何科目都要少。2011年，只对八年级学生进行了科学科目考试，32%达到熟练，仅仅提升2%。在2011年新开的计算机化写作考评中，四年级和八年级只有27%的学生达到或超过熟练水平。[16]

这些成绩表明，学生在八年级以前在学业方面赶上来为什么很重要。正如一名ACT考试分析师所说的那样，“等到高中后再来解决准备方面的差距，对于大多数落后的学生来说已经太晚了，尤其是那些落后太多的人。即便对于最有效的高中，要让那些学生赶上来也是巨大的挑战。”[17]

高中辍学学生：国家灾难

华盛顿国家广场华盛顿纪念碑旁边摆放着857个学生课桌（2012年6月）。根据大学委员会的信息，每天每个小时857名学生从高中辍学。加起来，一年就是一百万学生。尽管美国在辍学率方面有所改进，2012年经合组织报告在27个国家完成高中教育的比例排名中美国排在第22位。[18]

为了阻止美国高中辍学的灾难，国家已经花费了几十亿美元。虽然通过一些措施这种风潮已经回落，加州大学圣塔芭芭拉分校加州辍学研究项目主任罗塞尔·朗姆伯格得出结论说，现在全国毕业率还不如40年前（83.1%，1972年）。[19]

测评高中毕业率一直是一件比较混乱的事情。首先，50个州并没有使用统一的方法。其次，高中义务教育没有统一的上学年龄：18个州把退学年龄设为16岁，11个州设为17岁，21个州设为18岁（2012年）。

由《教育周刊》教育研究中心开展的一项2012年的分析得出结论，2009届全国高中毕业率为73.4%。相比过去一年，非洲裔美国人毕业率提升1.7%，拉丁裔学生提升5.5%。但是对于亚裔美国人和本土美国人，下降了1%到2%以上的水平；白人学生的毕业率维持在相同水平。[20]

虽然有些州和个别校区情况有所好转，但10个州的毕业率低于10年之前。在加利福尼亚，2005—2009年间，43%的拉美裔学生退学，只有10%获得了大学学位。每年有100多万学生深陷高中辍学危机；少数族裔10人中就有4人不能毕业。[21]

高中毕业官方统计中另外一个大的干扰因素是将接收普通教育发展计划（GED）的人员包括在四年高中毕业生中。这些离开高中学校的人员如果通过一项考试，也获得证书，相当于得到高中证书的学生。

到2008年，每年发放的高中证书中20%是GED证书。芝加哥大学经济学家詹姆斯·哈克曼和美国律师基金会的保罗·拉芬丹指出：“大量奖学金表明，GED计划并没有让大多数参与者受益，GED人员在美国劳动力市场中的表现与辍学人员在同一水平。GED 计划隐瞒了美国社会的主要问题。”[22]

现在，各州被迫执行联邦要求，要使用统一的方法来计算高中毕业情况。不过，各州都拒绝放弃自己的辍学骗局。

美国辍学责任应该由谁承担：家长管教弱、校长管理弱、老师教学弱、逃学法律无法落实？要美国社会接受大家共同承担高中辍学危机责任，我们似乎还需要几年时间。

许多表现不力的高中另外一个卑劣的秘密是他们让那些学业、组织和行为方面处在五年级水平的人毕业了。卡莱柏·罗丝特现供职于华盛顿大学和政策研究所，他以前是一名高中老师，他讲述了他作为华盛顿特区一个高度贫困地区公校高中数学老师的经验。他的数学班只有 10%的人一周上课超过 3 天时间，50%一周上课两天甚至更少。长期逃学的人几乎完全不做课堂作业或家庭作业。即便这样，只有 68%不及格！他们课后用几周时间参加一项重获学分项目。这些学生可以不通过及格考试就可魔术般地获得学分。

对于几百万上这样的学校而成绩远低于毕业水平的学生，我们能做什么？正如罗丝特所说：“很明显，如果学生只有小学技能而上了高中，毕业是豪赌，大学是奇迹。”[23]

公共对话应该聚焦大家共同努力，将家长、学校和社区机构联合起来，找到解决这一危机的办法。我们在第 6 章和第 7 章将看到美国一些地区正在采取这样的行动。

武装部队资格考试发现基本技能缺失

最近想加入美国军队的高中毕业生中，近 25%没有通过武装部队资格考试，考试包括数学、阅读、科学和解决问题的能力，检测参军必要的技能。教育信托委员会的报告《被挡在军队之外》发现，不及格比例在拉美裔（29%）和非洲裔美国人（39%）中更高。这些结果令人非常担忧，因为事先的筛选已经滤去了没有资格参加考试的人。五角大楼的数据（2004—2009 年）显示，17～24 岁的人 75%没资格参加考试，因为他们身体不合格、有犯罪记录，或者没有高中毕业。最后的分析表明，每 100 个申请人中，只有 19 个合格入伍。海军陆战队、空军、海军和海岸警卫队录用的人考分要求更高。[24]

布鲁金斯学会教育研究员汤姆·拉夫莱斯说：“许多人抱怨在这个问责和考试的年代，我们过于强调基本技能。这份（教育信托委员会的）研究实实在在否定了上述观点。很多孩子从高中毕业，却没有掌握基本技能。”[25]

ACT和SAT考试——大学准备度低

ACT和SAT是想上大学或达到州或学校要求的高中生参加的两项国家考试。2012年，超过160多万高中三年级学生参加每项考试。

2012年英语、数学、科学和阅读能力ACT平均分数是21.1。这个分数在过去4年一直维持不变。ACT最高分是36分。2012年参加ACT考试的高中生中只有25%4科都达到大学录取标准，28%的人哪一科都没有达到要求，2/3在英语方面达到标准，50%达到阅读标准。但是，这些数字一直在下降，或维持不变，没有上升。[26]

在20世纪70年代，SAT语言分开始下降。下降太多，以至于大学委员会不得不在90年代中期更改SAT分数形式。不过，下降趋势还在继续。1972年SAT阅读平均分是529。2011年，下降到497分。SAT批判性阅读最高分是800分。2011年的高中班级，阅读和写作平均分是有记录以来最低的，而2012年这两科又都低了一分。[27]

2012年，参加SAT考试的人只有43%从高中毕业，具备很可能在大学取得成功的学业准备水平。“这份报告应该号召大家行动起来，让更多学生进行艰苦努力，”大学委员会主席加斯东·卡珀顿警告说，“如果想上大学的孩子不到一半做好了准备的话，那么这个体系就是失败的。”[28]

毫不奇怪，这些学术上的缺陷使得大学一年级学生补习情况大量上升。大约40%的新生必须上补修课后，才能去上有大学学分的课程。这就增加了公立的两年和四年制学校的费用，也意味着学生要花费更多的时间和金钱。[29]

未来的希望

最后两章考察美国日益严重的结构性失业危机背后的问题。如果不加干预，美国就会面临潜在的严重经济和社会后果。不过，美国在过去也克服过类似的危机。

100多年前，美国开发出现行的教育体制。从1890年到1920年，国家经济从以农业为主转向基于工业生产。城镇地区迅速扩大，工厂和办公楼增加，大量移民来到美国寻找更好的经济机会。城市公立学校负起责任，将新来的人同化，向他们提供从事工厂和办公室工作所需要的道德和教育。

社区、企业和政治领导人看到了支持从教育到就业体系与社会进步之间的联系。劳联的塞缪尔·贡珀斯、报纸出版商亨利·乔治、工业家亨利·福特和安德鲁·卡内基、发明家和科学家托马斯·爱迪生和诸如西奥多·罗斯福和伍德罗·威尔逊这样的政治家，都联合起来，支持建立税收支持的公共义务教育。

这种体制培养了这个新时代需要的教育和技能，还有职业道德，包括守时、尊重权威、高质量技艺和自觉精神。美国是世界上第一个尝试建立和支持从教育到就业体系的国家。这种体系使国家大受裨益。

在20世纪大多数时间，两次世界大战、美国中产阶级崛起、苏联解体冷战结束，这种教育安排都运行良好。它将美国从一个乡土农业国转化为世界第一经济超级大国。

运行的方式是这样的：自从1970年，大约25%的人大学毕业；40%高中毕业，有些人继续参加一些技术或高中以后的教育；处于底层的35%～40%的人学习很艰苦，每十年过去就有更多的人辍学。（以上是大致数据）

因为美国这种教育规则实施了很长时间，对许多人都起作用，大多数美国人开始相信，只有一小部分人（特别是未来的经理和专业人士）能够真正受益于高质量教育。所以，为什么要在其他人身上花更多钱呢？

这是一个封闭的体系，将生活分成三个独立的部分：教育、职业准备和就业。聪明的孩子从高中上大学，准备从事白领职业。其他人接受职业教育，参加学徒制培训，准备从事蓝领工作，或者直接进工作单位。

这种体制建起一堵高墙，将真实的劳动世界与教育和职业准备的理论世界分隔开来。人们常常谈论你离开的年份，似乎高中或大学是一座监狱。学徒制教育在这两个世界的中间地带生存。大多数人不再越过这堵墙。的确，专业人士、总裁、销售人员和高级技术员接受过一些培训和开发计划。历史上，报销大学学费是美国就业福利中利用最少的。基本上，对于大多数工人来说，这是一个封闭的教育到就业体系。

现在，时代变了。在世界进入网络智能时代时，技术后面的人脑是推动创新的动因。如果没有人才，企业就只剩下一堆无用的硬件和软件。

过去 50 年甚至 70 年，美国企业对于受过最低教育的男男女女有几乎无穷的渴求，现在不同了，21 世纪的技术运用的这些人数量越来越少。每一种业务，都需要知识工人（比如，经过专门职业培训和良好文理教育的人）。每个领域的工作内容变化都很快，通过继续教育更新技能、大脑更加灵活对每个工人来说都是必要的。

当前以及在可预见的未来，由于人类技术进步的历史性速度，企业越来越多依赖于那些要求大多数员工运用大脑而不是肌肉的工作。[30]

世界技术经济中，白领和中等技能工作之间的技能差别越来越模糊，许多工人被抛弃在一边。“劳动力的质量和数量都跟不上技能经济的要求。……劳动力质量，以教育作为代表，停滞不前。”芝加哥大学两位经济学家詹姆斯·哈克曼和迪米特里·马斯特洛夫这样说，美联储主席本·伯南克在一份报告中也引述了这种观点。[31]

米斯罗金融咨询公司首席经济学家和高级经理黛安·斯旺克同意以上分析：“我们在将痛苦往后推，掩盖问题。”但是“经济危机将这些都冲走了。”她预测经济危机的一个长期性后果将是“教育不平等带来的技能短缺”。[32]

我们面前的美国经济景象是富有和贫乏的结合体：劳动力富有、人才贫乏。灯塔经济学咨询公司克里斯朵夫·松伯格称之为杠铃经济。中心城镇地区，如洛杉矶、芝加哥、纽约，不仅大学毕业生的人数高于平均占比，而且高中辍学人数也是如此。[33] 2012 年劳动节，《芝加哥论坛报》社论承认芝加哥地区存在“有害的就业空白，……几千个就业岗位许多居民都无法应聘，因为他们缺乏必要的教育和培训。”《芝加哥论坛报》要求芝加哥地区“……减少以下两者之间的差距，即雇主要求新招用人员拥有的技能和能够接受就业机会人员所受教育提供的技能。”[34]

一家倡导教育的组织“提升伊利诺伊水平”在 2012 年的一份报告中明确指出，伊利诺伊州教育缺陷在孩子早期就开始了，并且一直没有改进。四年级学生中只有 1/3 达到本年级的阅读水平。伊利诺伊州九年级学生中不足 1/3 的学生会继续升学完成大学学历教育。报告对当前伊利诺伊教育情况给出的定论是：“世界将我们扔下……我们的学校没有将大多数学生送到他们应该去的地方。”[35]

经济历史表明，新技术的传播并不会摧毁就业增长，只是一段时间之后，要求新技能的一些新就业使原先的就业岗位变得过时。不过，这种情况只有决策者提供资源让之发生才会出现。当前的问题是对那些被抛在后面的学生和成年人给予的帮助太少了。

今天招聘受到的影响是什么？在 2012 年《制造业见地》文章引述的一次访谈中，湾区劳动力开发委员会执行主任吉姆・构莱姆贝斯基讲述了威斯康星绿湾一家大型制造企业的故事。2008 年 9 月，这家公司要招用 134 个新职员，收到 850 份申请。最后只招了 17 人。为什么？因为没有高中文凭，没有普通教育证书和工作经验，450 名申请人被刷掉。208 人没有通过八年级阅读和数学考试，或者没有通过灵活性动手考试。这样就只剩下 192 人。他们每个人都参加了面试，考察他们的性格、人际交往技巧、团队精神和可靠性。最后，这家公司发现只有 17 人拥有他们想要的资格。[36]

不过，所有美国人中至少 66％拥有平均智商。一些人能力更高一些。美国就业的大挑战是要增大聪明人的数量——这些人是绿湾制造公司要找的人。我们知道如何来实现，我们也有经济方式来实现。

美国未来的希望在于结束“弥天大谎”。我们可以继续否认注定平庸的学校文化和美国社会水平下降，或者我们可以面对现实。正如美国教学组织奠基人文迪・科普警告的那样：“面对威胁我们经济和文明力量以及我们民族理想的危机，我们必须克服大家的分歧，团结起来，否则我们所有人都会一同失败。”[37]

美国新的人才时代已经到来。是否有受过良好教育的人、有满足现实需要的技能，将决定企业落户在美国或世界其他地方的具体位置。已经学会为 21 世纪更新劳动力技能而进行更好合作的社区，可以留住经济基地并且吸引新企业。那些守住现状的则会萎缩和消亡。

以下两章，我们考察美国和其他国家地区一级就业和经济再生背后的动因。地区人才创新网络是一种变革的手段，用来对地方企业、就业和经济加以更新和扩展。

第三部分

突　破

第 6 章

地区人才创新网络（RETAINs）

不能积极帮助创建高技能劳动力储备的组织很可能无法长期生存下去。[1]

——剑桥预测集团 理查德·梅尔森（Richard Melson）

美国就业复苏

许多美国人可能会感到奇怪，我们一个人口最少的州（67.2 万人）成了当下劳动力市场的明星。北达科他州由于人们从邻近的明尼苏达州和爱荷华州迁入，甚至从阳光更明媚、气候更温暖的加利福尼亚、得克萨斯和佛罗里达州迁入，从而扭转了人口长期下降的趋势。州内人口从 2000 年以来增加了 5%。说明北达科他州具有吸引力的另一项指标是大学生中外州人占比超过了 44%。人们为什么会纷至沓来？不可能是为了冬天温和的天气！

2012 年，北达科他州失业率为 3.0%，在所有 50 个州中最低。州内经济蓬勃发展，出现 16 500 个空岗。相反，美国失业率超过了 8%，3000 万美国人处于失业或就业不充分状态，尽管全国还有 500 万个空缺岗位。隐藏在北达科他州就业机器背后的故事是什么？

20 世纪 90 年代以来，北达科他州在经济多元化和储备人才库方面取得了长足的进步。州议员科文·克勒布什巴赫将这种变化追溯到 20 世纪 80 年代，当时农场集约化和农业大量机械化导致州内人口下降、就业机会减少。这时，一些环境保护人士甚至建议将那些海拔高的平原地带改成新的国家公园。

在这关键时刻，北达科他州领导人制订了 2 000 年愿景，开始将经济多元化，扭转人口迁移状况。后来，企业界领袖、社区和教育机构、两派政治领导人成立了一个百人委员会，制订了经济调整战略规划。过去 20 多年来，他们坚持合作，致力于北达科他州经济和劳动力的转型。

全州齐心协力，使州内受过良好教育的高技能劳动力业务领域多元化、人员数量大大增加，从以前集中在农业领域转为能够服务于多种行业的人才大军，包括信息技术、绿色产业、生物技术、无人空中系统、能源等。这些措施吸引微软、阿德旺、诺斯洛普·格鲁门公司和 2 400 多家信息技术相关企业前来落户。农业方面，北达科他州有 11 类经济作物仍然在美国处于领先地位，但农业部门的雇员仅占 7%。

给经济蛋糕增彩的还有最近开发的巴肯带页岩油、天然气和煤。而且，北达科他州风能在全美排第九位。这些能源开发创造了 1.3 万个新的就业机会。

从 2001 年到 2012 年，北达科他州经济体中共新增就业 5 万人；2009 年的人均 GDP 在美国位居首位，个人收入中位数在全国名列前茅。

北达科他州成功的一个主要秘诀在于州内各方面广泛的社区合作，催生出现代人才生产体系。企业、社区组织、教育机构和政府结成全方位伙伴网络，成立地区人才创新网络（RETAINs），并为其注资，在各地和全州重建从学校到就业体系。目前，中小学校提供职业教育和各类信息等。向学生、家长和成年职工宣传就业和职业信息，向就业人员和失业人员提供继续教育和培训机会。州内各大城市都有职业研究所、职业和技术教育培训中心、大学级别的职业项目：法戈、俾斯麦、大福克斯、米诺。在农村地区，建立了区域性职业研究中心，作为那些给小规模学校广播的电子教学的补充。全州范围内，190 个私营部门伙伴所支持的 20 个一流中心将总部设在高等机构内。

北达科他州的地区人才创新网络对提高州内中小学校的总体水平也发挥了作用。高中毕业生占 86%（全美国是 73%）。考察 PISA-NAEP 测试分数，北达科他州 41%的学生在数学方面达到专业水平，全美国是 32%。

不过，北达科他州认识到，要拥有下一个十年所需要的劳动力，还需要做许多工作。州作出预测，从 2008 年到 2019 年，13.1 万个岗位需要新人手，其中 69%（9.3 万个岗位）是顶职要退休的婴儿潮一代，新增岗位有 3.8 万个。预计医疗、信息技术、教育、工程和能源是增长强劲的领域。

北达科他州州长和我见过的其他州领导都强调，他们面对这场人才挑战众志成城，要强化地区人才创新网络。州里一位地位显赫的官员对我说："高中毕业生 80%还不够，为什么不能达到 100%？"见过企业总裁、政治领导人、教育界人士后，我有一种强烈的感觉，在北达科他州民间参与很活跃，也做得很好。北达科他州人口可能不多，但就如何在社区和全州层面构建长期合作方面却是成功的实验样板。美国劳动力市场还要下沉多少公众才会对当前已经坍塌的结构形成共识？左派或右派政党给出的魔术快答都不能解除这场危机。

民间参与组织所支持的系统调整是一个充满挑战的漫长过程。如果北达科他州的人民能这样做，其他 49 个州的人民为什么不能这样做呢？他们还要承受多少经济上的伤痛才开始起步呢？[2]

我们并非毫无希望

多数美国人都知道自己的社区一些情况不妙。大家越来越感到文化在解体。罗伯特·帕特南在《独自打保龄：美国社区的衰落与复兴》（*Bowling Alone*：*The Collapse and Revival of American Community*）（2000 年）一书中描述了美国各种社会和民间参与的衰退。

媒体上充斥着大量坏消息，可能会让普通美国人感到毫无希望，无法应对看似庞大的社会和经济问题。幸运的是，许多美国人看到必须促进系统变革，而不是沉溺于绝望之中。[3]

在我们的历史进程中，美国有过很困难的经济时期，我们都挺了过来。我们的文化鼓励个人灵活和创新，这样推出了新产品和服务，提升了生产力，扩大了就业。

1890 年和 1920 年之间，工业化和随之而来的美国城市扩张导致我们的社会结构和机制解体，需要找到新的方式来维系美国传统的价值观。后来，条件恶化，人们不得已将赌注压在新的领导人身上。

进步运动出现了，治理城市贫民窟，改进剥削性的工作条件，打击腐败的政治组织，扭转丑恶局面。这一时期存在民主党和共和党的进步运动。西奥多·罗斯福总统在国家层面大力促进了进步运动。

进步时期一个非凡的成就是公共学校教育在整个国家的扩展。到 1918

年，当时所有 48 个州都强制要求参加税收支持的 12 年义务教育，并且用逃学法严加实施。这在当时是革命性的。在每个州都遇到了阻力。美国通过了最早的从教育到就业的体系，远远早于世界其他国家。例如，英国直到 1946 年才有类似的要求，爱尔兰是在 20 世纪 80 年代。

多数历史学家都同意，这几十年组建联盟的事情蓬勃发展、前所未有。各个阶级、各种条件的美国人创建和加入了大量的自愿性组织，这些组织大部分保留到了现在。这些联盟促进了各种各样的事业：民间的、宗教的、兄弟会的、种族的、劳工的、商界的、职业的、退伍老兵的，这些是最为显赫的。尽管有一些联盟起初就在国家层面，但大部分是在社区层面建立起来的，然后再横向发展到其他社区。普通老百姓——业余人士，建立自助型和民间参与的俱乐部和其他组织，因为大众热心对当地问题进行辩论已经成为美国的一种文化。[4]

这是我们 100 年前的经济和社会革命。我们需要再次革命。

基层的经验教训

技术部分很容易。目前，难的是在社区协调文化变革的方方面面，让大家成功面对经济和就业的新现实。

这些地区人才创新网络背后的理念是什么？创建这些网络的原因是什么？第一，防止人员和企业从一个地区和州内迁出。第二，扭转税收基数下降趋势。第三，结束社区学校入学率下降，阻止政府服务退化，使停滞的地方经济出现好转。社区各成员团结一致，应该在当前出现区域危机时共同寻求解决办法。他们希望坚持自己的生活，保存活力和开拓精神，为社区创造更加美好的、充满希望的未来。要实现这一点，就必须留住当地的人才，发展创新能力。

从 20 世纪 90 年代发起的时候起，地区人才创新网络运动所包罗的不仅是经济发展，或者学校改革，或者税收改革。地区人才创新网络是区域内跨部门和联结公私伙伴关系的枢纽。它们的作用相当于中介，重新建起一条通道，将人与就业市场联结起来。地区人才创新网络为我们以技术为导向的知识型经济开创出了 21 世纪教育到就业的人才培养体系。地区人才创新网络自己的定位是履行社区建设和重振美国自由企业体系（或者说国家受人景仰的文化和经济价值观）双重职责。在这方面的关键词是“自下而上的合作”，各伙伴之间权力共享、责任共担、共同问责。

地区人才创新网络之所以成功，是因为所有群体从各个彼此分隔的单元中形成了新的大社区共同愿景（见图 6.1）。每个群体有自己的议程和需求，但他们都对整个社区有影响，都依赖于整个社区的成功。

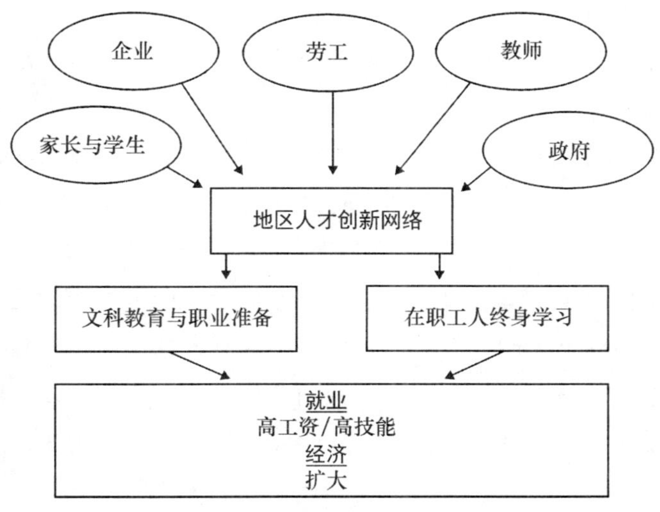

图 6.1　地区人才创新网络的共同愿景

团结我们就前进，分裂我们就落后

如果独自为政，任何企业或组织都不会重建区域性的劳动力。美国企业文化一直将企业参与学校视为兼职的慈善活动。现在，越来越多的地方和国家的企业界领导人开始认识到，劳动力开发不是一种慈善，而是企业和社区可持续性的根基。地区人才创新网络有助于重新聚焦到对话上，这样地区内的各个伙伴彼此依赖的意识增强。现在，即使是最大的公司也开始意识到，如果不参加到区域性的劳动力体系变革之中，他们无法独自解决人才短缺问题。

批评企业和教育之间建立伙伴关系的人总说公司想要全面控制，公司的意图就是设立工厂学校，培养人做那些一成不变、没有出路的工作，而不是高技能的中产阶级职业。这种指责与当下的现实大相径庭。

地区人才创新网络帮助大小企业放弃一部分独立的决策和控制权，共同构建区域新的创造人才体系。密歇根转型互联组织的奠基人兰德尔·雅吉拉说："在那些不改革带来的痛苦超过由合作导致的痛苦的地方，大家正在实施相互依存的战略联盟。"[5]

地区人才创新网络促进企业、政府、教育界和社会共同努力来改变现状。在当前的人才辩论中，地区人才创新网络使得经济和职业私人追求与公共事务融会在一起。[6]

成功的企业正在将人才开发融入其宽广的战略。将企业的专业知识与规模与地区人才创新网络公共事务和商业方面的总体实力结合在一起，会有助于解决当今企业可持续性最深层次的挑战——重建人才通道。[7]

妨碍各个公司投资于培训的另外一个因素是他们害怕刚刚完成培训的员工会被其他公司挖走。地区人才创新网络将区域内的雇主结合成一体，形成合作网络，融合了培训组织、教育机构和其他的社区组织。这样降低了公司个体在公司教育和培训方面的投入。地区人才创新网络致力于将猎头风险降至最小，促进更加积极的区域企业共同体文化，大家分享人才，而不是从对方那里挖人。

公司人才需求的变化越来越快。各地在劳动力开发系统方面应该更有创意。地区人才创新网络有助于推出创新型的办法，满足社区的独特需要和行业的人才需求。地区人才创新网络提升愿景、活力和商业新意。[8]

地区人才创新网络是区域型的组织，常常在多个市县铺开。在大城区，也可以有建在街道或社区的多个地区人才创新网络。区域间合作项目的筹集吸引力很大。

地区人才创新网络集中在最大意义上的人才开发，包括重要的经济发展内容。地区人才创新网络致力于按程序构建创新网络，将多个小型社区整合起来，形成新的教育到就业人才开发体系，剔除多余的服务，用新的活动填补空缺（参见图 6.2）。

"人才是任何一个地区经济发展第一位的优势。"[9] 密歇根转型互联组织的总裁兰迪·雅吉拉如是说。通过研究一个地区的人才库情况，各公司就能明

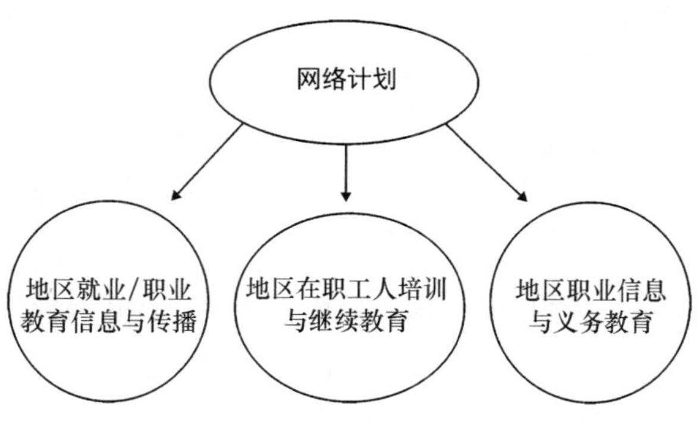

图 6.2　地区人才创新网络都做什么

白自己通过短期和长期培训和教育活动能取得的成绩。雅吉拉还相信地区人才创新网络能够为地方企业提供更多机会，与学校体系分享就业所需要的技能的实时信息。

地区人才创新网络在扩大，因为社区经济发展与劳动力开发的需要两者之间的分界线已经很模糊。实现这些目标的系统性的办法就是建立一个更大型的精干人员人才库。人才库人员的职业结构会随着时间发生变化，也会根据地区人才创新网络所建立和支持的新的人才体系而变化。

地区人才创新网络要求社区领导人员重新审视固有观念。“地区人才创新网络应该具有充满活力、全情投入和意志坚定的领导人员，理解当今的挑战，推动传播解决问题的超前思路，不仅仅动动嘴皮子，不能走老路，否则不可能成功。”俄亥俄州曼斯费尔德里启兰县一站式服务劳动力咨询师罗伯特·则特勒宁这样说。[10]

美国历史中很多时候，当出现危机时，都有公民大量参与推进民政事业的传统。哥伦比亚大学历史学家里查德·霍夫斯塔特提醒我们说：“美国人民不会静悄悄地忍受生活中的丑恶事物，我们总是在……要求变革、改进和更正……”[11]

地区人才创新网络全是关于推陈出新。现在，每个社区都还有一些人想要创造新事物，他们有思想、有抱负来建设更好的未来，包括已经成功创建企业的企业家，他们拥有知识，可以用来解决人员管理、信息技术、人力资源、外包、费用控制、媒体、筹资等各种问题。“这些富有创造力的人勇敢、不拘一格，也许能在当前这个平淡的时代为纳税人和政治家提出大家急切需要的富有创意的解决方案。”[12]但是，他们需要信息和人脉，还要将道路上的障碍清除掉。美国人一直欣赏鼓励创新、探索和发明的国家文化。

地区人才创新网络将民政行动运用于人才危机。该网络为个人、企业和社区领导人指出了更清晰的路径，他们可以直接负责培养成功所需要的新一代人才。

地区人才创新网络可以激发地区内的对话。在就这些问题与地方领导交流沟通后，我得到了一个这样的答复意见：“和许多社区一样，（伊利诺伊州）洛克福得地区也面临技能人才短缺的问题，而这时当地的失业率却很高。”布恩和温尼贝戈县人力投资董事会执行主任达西·布沙尔兹说：“你关于调整未来工人教育方式的计划、关于其他城市如何朝这一方向努力的说明，都给人启发。……我们邀请你来演讲的目的是率先开启就洛克福得地区的现实问题的对话。”[13]

从那以后，洛克福得地方联盟非营利组织执行主任罗莉·普利丝与社区领导人一起，开始筹建大学预科和职业学院。地方工业伙伴赞助的一个职业后备人才项目将在2013年开设第一个高中职业学院，并计划在2014年开设另外三家高中。[14]

《下一个十亿：2050年的美国》（*The Next Hundred Million: America in* 2050）（2011年）一书的作者乔尔·科特林观察指出：“在基层，你才能最真切地感受到美国弹性的本源。美国社会的适应力不是来自于精英阶层，而是源自于社区、教会、企业家和家庭的努力。”[15]

在法戈和整个北达科他州所发生的情况正是这样，高技术与农业、制造业和能源联手，建成了美国一个最强大的地方经济带。这很不容易。花了很长时间，还是继续发展。但是地区人才创新网络的概念是其核心。现在，在美国和世界其他许多地方，许多地区人才创新网络也在发展，并且都有自己的故事。

第7章

基层未来就业

地区人才创新网络必须找到新的好办法，更快地改变社区的态度，实现社区参与。不能理解这种挑战并寻求解决之道的地方将会萎缩和消亡。[1]

——俄亥俄州启兰县专员劳动力咨询师罗伯特·则特勒（Robert Zettler）

通向未来

变革从来不是容易的事情。要改变一个地区的就业和文化景观需要时间和耐性。下面的许多案例分析都说明，地方危机会促使社区在人才层面采取行动。每个案例中展示的个人领导力都证实民间活动充满创意，可以找到不同路径，实现有益的变革。所有地区人才创新网络和其他的人才措施还都没有最后定型。但是，这些措施从一开始就一直得到各方支持，正在调整当地的从教育到就业体系，满足21世纪劳动力的人才需要。

高中集团

加利福尼亚的橘子郡是美国最富有的地区之一。第一个迪士尼乐园就位于此。附近是圣塔安那，30多万工人阶级居住于此，是美国第二大小型制造公司的集散地，包括德事隆航空固件公司、电波技术公司、铝材精密产品集团等。

20世纪90年代末期，这些公司在当地开始招不到人才。当地2/3的应聘工人没有入职工作所需要的技术。圣塔安那超过15万居民来自拉美国家，熟练运用英语是招工面临的一个主要问题。尽管橘子郡很繁荣，但圣塔安那的企业开始搬离，损失就业岗位2万个。

1998年，圣塔安那商会成立了由商界领导人组成的工作组，寻找解决之道。他们分析发现，当地企业的人才要求与学校和机构给学生和成年工人提供的教育和培训两者之间就业和技能脱节问题越来越严重。这种差距在信息技术公司和其他科学、技术、工程和数学类的空缺岗位尤其突出。

圣塔安那最先组织了通向职业活动，在接下来的6年里，为当地居民提供就业准备计划，当地几百家公司都予以支持。

2007年，成立了高中集团，它是组建文理学校、大学预科和职业学院的催化剂，包括圣塔安那山谷高中的六个职业学院：全科商学院、烹饪和接待礼仪学院、医疗学院、运输和物流学院、工程和制造学院，以及新媒体学院。每个学院的毕业生都已经或者正在拿到入职水平的就业证书。

圣塔安那高中区与高中集团基金会的合作提升了进入这些学院的学生的毕业率。由于获得全面成功，学校决心与基金会和当地的企业界合作，在圣塔安那的其他高中复制这些学院的成功经验。圣塔安那的学校副学监凯西·奥尔斯基说："只有公私两部门走到一起，否则我们大家都会无事可做。"[2]

高中集团凝聚了企业、教育人士、家长和社区组织打造人才培养新体系的共同努力，成了首创的名副其实的社区高中。高中集团基金会的首席执行官戴尔·沃德相信："学院提供了严格、全面的教育通道，保证学生个人职业的可持续性。我们的毕业生准备更充分，会支持家庭和社区，也可以留住在圣塔安那和周边的企业。"[3]

风城解决之道

芝加哥地区是美国小型制造商最大的汇集地。该地区是大型的交通枢纽，其规模还在扩大，它也是信息技术网络节点、重要的商品金融中心，还拥有大型的学术和研究机构。

一个由14个县、3个州组成的大都会地区有大约950万人口。芝加哥城有270万人口。大都会地区的人口相对年轻，是经合组织的第十大劳动力市场。就业适龄人口（420万人，2012年）在老化。

在芝加哥城市内和库克县，技能与就业不匹配的问题非常明显，24万居民失业，而20万个岗位无人就业（2012年9月）。

芝加哥城高中毕业比例是56%，大量学生辍学，远远超过了低技能就业数量。经合组织/芝加哥地区商会的一份审议报告给出结论说："即使在目前不景气的劳动力市场，那些要求有高中以上文凭的就业岗位还招不满合格的人。"[4] 芝加哥城/库克县人口中只有大约67万（20%）满足上过"大学"的条件。这种情况使芝加哥经济处于危险的经济拐点。

根据布鲁金斯学会2012年的报告，在芝加哥，每个拥有学士以上学位的失业人员，有3.5个就业机会。而每个只有高中文凭的人，就业机会不足一个。[6]

在工作不如意的时候，拉姆·伊曼纽尔市长说他发现自己"盯着技能缺失地带"。他解释说："一天，医疗软件企业两个年轻的首席执行官坐在这张桌子旁，我问他们：'需要什么帮忙？'他们说，'我们今天要招50人，但找不到人。'"[7]（参见表7.1）。

表7.1　2012年1月、2月芝加哥地区就业缺口最大的职业

职业名称	岗位数量
计算机职业	38 315
卫生诊断和治疗医生	16 799
广告、营销、促销、公关和销售经理	10 468
金融专家	9 687
企业执行专家	9 060
运营专业经理	8 715
其他管理职业	8 030
销售代表、服务	7 766
销售工人指导员	6 886
工程师	6 678
总计	122 404

资料来源：乔那森·罗斯维尔．美国大都市的教育、就业岗位和失业．布鲁金斯大都市政策计划．2012—08．网址：http://www.brookings.edu/research/papers/2012/08/29-education-gap-rothwell。经允许后使用。

芝加哥认真进行劳动力系统变革始于10年前。2004年，理查德·戴利市长宣布，通过2010复兴计划迅速调整教育/学校的规划，从60个新的中学和高中开始，这些学校作为契约学校、合同学校或职业学院重新开放。这些新的学校提供大量专业和传统的大学预科课程。芝加哥社区信托基金和盖茨基金会筹款5 000万美元，支付了启动资金。在开办学校地区的企业提供后续资金和志愿者。

2012年，芝加哥公立学校40万学生中大约53 000名学生进入到100多所合同学校。芝加哥市计划今后5年将合同学校数量扩大至600所。[8]

奥斯丁技术学院

在芝加哥西边，奥斯丁技术学院是芝加哥复兴制造业理事会开办的工程职业预备高中。奥斯丁7平方英里（约18平方千米）的范围曾经拥有2万个制造业就业岗位。2012年，只剩下2 000个。失业率达到19.3%，41%的儿童和30%的成人生活在贫困之中。

奥斯丁技术学院由上一级非营利组织制造业复兴组织和芝加哥公校共同管理。芝加哥地区60个制造企业与奥斯丁结成伙伴关系，提供财务援助和专业人员，培养学生上大学、入职高端制造业，这些企业包括强生控制（能源高效产品）、哈德森精密产品（机械零件）、节水龙头、温兹勒齿轮（塑料精密齿轮）。

2012年6月，奥斯丁技术学院第二届毕业班的58名高三学生完成了3～4年的工程预科课程，同时也修完了丰富多样的文理课程，还通过影子就业和有偿实习体验了制造机会。这些毕业生几乎全部上大学。大约90%的学生获得了全国金属加工技能研究院颁发的至少一项得到全国承认的证书。（奥斯丁20%的毕业生选择制造业和工程职业通道，他们有的是通过全职就业和兼职上学，有的是通过大学专业。）

成年工人在奥斯丁制造业培训中心进行技能回炉。职业内需技能，如计算机数控机械培训和工业认证，在芝加哥西区向成年工人提供。成年人最多可以获得全国金属加工技能研究院颁发的五个证书。

奥斯丁技术学院和奥斯丁制造业培训中心都直接解决当地就业与技能脱节问题，为奥斯丁地区城市学生和成人提供入职高端制造业所需的教育。制造业复兴组织开发出的这种技术教育模式的优势，鼓励美国其他地区和整个芝加哥地区也考虑执行这样的项目。[9] 加利福尼亚奥克兰的麦克利蒙兹高中当前处在奥斯丁模式的初级阶段。制造业复兴组织的执行主任丹·斯文尼相信："我们看到公私合作运动的端倪，寻求制造业的创新与发展，来促进可持续、复兴的社会。"[10]

英斯迪图托卫生科学职业学院

另外一个定制学校——卫生科学职业学院也得以设立，用来解决芝加哥大区卫生护理领域拉丁裔人才短缺问题。这一职业学院属于芝加哥公立学校，将把学业全面融入卫生科学，有严格的文理学科课程表。英斯迪图托不仅提供高质量的大学预科项目，也为学生提供卫生护理方面入职专业证书（如医师助理、药师技术员）。

英斯迪图托最后将能够招收600名学生。花费2 200万美元的芝加哥西区新校址有32间高技术教室、10个科学实验室和一个护理模拟实验室。该学校主人是拉丁进步学院，它是一家领先的社区非营利组织。

芝加哥大区医疗委员会对于建立这所职业学院发挥了很大作用。芝加哥医疗部门的合作伙伴，如百特国际有限公司、拉什大学医疗中心和儿童纪念医院，都为开发成功的学院模式贡献了财力和专家人员。[11]

科学技术工程数学学院早期课程学校

5家技术公司——IBM、思科、微软、摩托罗拉解决计划和非常赞无线公司（Verizon），与芝加哥公立学校和芝加哥城市学院结成伙伴关系，培养学生为科学和技术职业做准备。这5家科学技术工程数学学院早期课程学校分散在芝加哥周围。每家公司开发出一份课程表，为一家特定的职业学院提供导师和实习机会。每家公司还为教职员工提供技术设备和专业发展机会，讲授以下课程：网络开发、软件编程、数据管理、网络工程和安全。

学生4年后毕业，拿到高中文凭和一些大学学分，可以继续学习拿到计算机科学或信息技术大专文凭。芝加哥城市大学校长谢丽尔·海曼说："我们相信这种新模式会帮助更多青年人得到大学学位，获得有意义的职业。"[12]

这些科学技术工程数学学校是按在纽约布鲁克林开办IBM技术职业学院

(2011 年）的最佳做法组织的。IBM 国际基金会帮助开发了课程表。[13]

发展芝加哥区域未来的技能

对于成年失业工人，成立了发展芝加哥区域未来的技能这一组织，以迅速填充就业机会，提供就业培训项目，适应芝加哥地区企业特殊空缺岗位的要求。这一组织源于早期的芝加哥职业技术项目倡议（2009 年），倡议对这一理念的可行性进行了测试。

发展芝加哥区域未来的技能是 2012 年后期按企业需要成立的，最初的目标是根据资金情况，在第一年让 650 人上岗。该组织与芝加哥库克劳动力伙伴关系（当地的劳动力投资法委员会）合作，将把受训人与特定的空岗进行匹配。该组织的总裁和首席执行官玛丽・图祖佩克・林奇说："我们在劳动力体系中宣传企业的招聘需求，向企业宣传聘用失业人员。"[14]

这一倡议从企业内部培训到地方的公立/私立大学教育机构对大量培训进行协调。定制的就业培训一般由企业和政府就业培训基金各出资 50%。在芝加哥和库克县的所有企业行业和各个工种都可参与。[15]

芝加哥地区劳动力投资人联盟

成立芝加哥地区劳动力投资人联盟是更好开发劳动力新的、统一系统的另一项积极行动。该倡议意在向各行业间组织劳动力的中介机构提供财务支持。芝加哥地区信托基金、乔伊斯、麦考密克、波尔卡、弗莱和其他基金会将为联盟拨款提供资金。[16]

协调挑战

上述的芝加哥地区劳动力/教育计划代表了正在执行的许多倡议。不过，他们并没有形成打造成结构型变革的连贯一致的地区人才创新网络。

经合组织 2012 年的报告发现，人才培养和从教育到就业体系还是分割为"缺乏协调、缺乏一致性的教育和培训计划……与地区内各企业没有联系。"报告得出结论，系统失灵源于企业、教育和政府各部门之间合作太弱。[17]

芝加哥、纽约、洛杉矶、达拉斯、亚特兰大和美国其他主要城镇地区都面临一些根深蒂固势力之间的内斗，由于参与的人员数量庞大，很难克服。

不过，这些挑战并非不能克服，也不会简单消失。正如我们所看到的那样，芝加哥领导人已经提出了一些重要倡议。

一些区域性的地区人才创新网络可能有助于集中力量，改变大型城镇地区企业机制安排。如果一个地区内各个不同的社区成立地区人才创新网络，那么在大的城镇地区做大做强新型教育到就业制度就更容易成功。大城市需要通过伙伴关系枢纽将政策与投资统一起来，满足高端制造、医疗、金融、服务和其他地方企业适当部门的人才需要。私营企业投资需要联邦劳动力新的或现有的计划增加灵活性加以配套，以推进重建城市从教育到就业体系。只有每个地区都明确接受有必要进行重大调整，才能做到。

社区教育联盟

1997 年，康明斯公司所在地印第安纳州哥伦布市，一群社区领导人开始组建从学前到职业教育和终生学习的人才培养无缝对接体系。社区教育联盟（CEC）是区域内的地区人才创新网络，将哥伦布市变为地区中心，在教育和劳动力经济发展之间建立起强大的联系。印第安纳 10 个县内的 100 家公司出资并参与初高中职业教育后备人才项目，培养高端制造、医疗和接待/旅游部门职业所需的人才。

高端制造一流中心为高端制造、技术和计量学的学生和工人提供服务支持。卫生教育网络支持两个技术教育中心，包括 7 家医院、5 所大学机构和 14 个合伙人。

社区教育联盟与艾维社区技术学院、印第安纳大学、普渡技术学院和劳动第一行动计划密切合作，提供更专业化的计划和劳动力培训。社区教育联盟还管理哥伦布市的学习中心，该中心为以上机构提供授课场所。

社区教育联盟的成功是建立在调动地区民间参与之上的。地区人才创新网络吸引新企业来到该地区，减少失业，所有这些都是通过投资于地区经济现在和未来所需的人力资本而实现的。[18]

"M－力量"

招聘上岗组织位于圣保罗－明尼阿波利斯地区，它是在1968年成立的一家非营利组织，作为一家中介机构，为雇员和求职者建立更好的联系。

2005年，招聘上岗组织被并入M－力量，该合伙机构还包括亨内平技术学院、地方雇主和产业协会。这一合伙机构帮助欲进入高需求的专业制造领域就业的人做好准备。不具备所要求的就业技能的失业人员会参加高强度的付费就业培训。受训人接受技术学院的教室培训和公司提供的培训。培训项目结束后，成功的应聘人会得到当地企业的工作。

M－力量将公共和私营资金成功融合在一起，为企业提供合格人员。很多种类的公司都参与计划和实施该项目。这些公司包括特殊金属和塑料制造商、生物医学设备生产厂家和其他医疗技术公司。[19]

"预招聘"救赎

俄亥俄州的曼斯菲尔德从20世纪80年代开始经历了制造企业关闭潮。2001年，住房政策中心确认曼斯菲尔德拥有全国最廉价的房地产，主要是因为通用汽车闲置的大量厂房和6个大部分已经腾空的产业园区。

曼斯菲尔德巨大的联邦监狱也关了。这里是蒂姆·罗宾斯和摩根·弗里曼拍摄《肖申克的救赎》的地方。也许，电影人才传递的自救和希望的信息预示了曼斯菲尔德自己的经济救赎的未来?

曼斯菲尔德那些渡过了关闭潮的制造商能够挺过难关的关键，在于他们创新并开发使用有效的新技术和运营体系。这就意味着他们需要拥有更多高端制造业技能的工人，这些工人还要愿意学习，适应更灵活、以团队为单位的生产环境。

2001年以来，曼斯菲尔德率先进行建立在企业和政府加大合作基础之上的工人再培训项目。新设的预招聘培训项目是朝该方向发展的一个新的重大步骤。

预招聘是地方雇主和成年培训项目的一个中间桥梁，有助于帮助大家开发短期、集中培训课程，让失业工人重新获得适用于空岗的技能。参加预招聘网络的雇主获得帮助，选择最有可能完成高级培训的工人做员工。预招聘项目任用当地三个劳动力培训机构中最好的培训员。

每个受训员在四周的培训表中，接受80小时的课堂授课以及动手技术实验室培训，包括额外的实时培训、团队参与课堂和劳动道德讨论。到目前为止，运用高级预招聘办法培训工人项目在克罗福德已经有21个班级毕业了，里奇兰县也开展这种新的对企业和工人都友好的培训项目。

完成预招聘项目的工人中有88%参加全日制就业。预招聘除了帮助工人做好进入高端制造业的准备之外，还用于培训从业于医疗、信息技术和替代能源职业的工人。

曼斯菲尔德里奇兰县的一名专员爱德·奥尔森说："我们花费在就业技能培训中的每一分钱都是值得的，因为我们完全能够证明，人们获得就业是直接受益于该培训的。"[20]2010年，当地失业率超过12%。到2012年9月，失业率下降到8%以下。

企业和政府之间的这种预招聘伙伴关系运作得很好，俄亥俄州正在与大家分享预招聘项目的细节，这样其他县市可以设立类似的就业培训网络。

"预招聘的结果对我们地区来说真是好消息，"一名劳动力咨询人员鲍伯·则特莱说，"我们与社区领导人一起，重新点燃了企业、工人和社区未来的希望之光，我们还要采取更多积极的措施向前迈进，重建曼斯菲尔德经济。"[21]

从新北方吹来的变革之风

新北方地理区域包括威斯康星州东北地区的18个县。新北方公司从2005年成立开始，已经成长为一个地区人才创新网络，现在得到100多家投资人的支持，促进了一长串私营和公共部门领导人和政府机关的合作。

新北方公司在劳动力和职业发展之间扮演中介角色，使得主要行业部门能建起更强大的就业后备力量的输送渠道。它是以下各联盟的区域性枢纽：威斯康星东北（NEW）制造业联盟、威斯康星东北教育资源联盟、威斯康星东北地区北方沿岸海事制造业联盟，以及这一地区49个医院和手术中心的几个医疗联盟。

新北方劳动力中的24%从业于制造业，这样看来，这一行业的劳动力需求成为该地区就业的关注点也就不足为奇了。经济机器和工具公司（EMT）的总裁保罗·劳谢在21世纪头十年的中期开始注意到，太多的雇员接近退休年龄。地方人才储备中能够替代他们的人手不足。

“我们在制造业中存在技能劳动力短缺问题，”劳谢强调说，“这并非只是一个EMT的事情，或新北方的事情。在整个威斯康星州和整个国家都是如此。”

2006年1月，劳谢遇到了威斯康星东北技术学院的战略伙伴关系管理人员安·弗朗兹，他们讨论了这种人才挑战。“当今的工厂并不昏暗肮脏。工厂明亮，充满技术。工作令人兴奋，有无穷机会。”劳谢说，“我们应该走出来，分享我们的故事……如果我们不这样做，没人会知道。”[22]

6个月之后，NEW制造业联盟成立。从开始的由12个制造企业加入，成长为包括101个成员的联盟（2012年）。联盟的成长恰逢技能劳动力缺口越来越大之时。当地一项制造业活力研究显示，2011年，173个公司中只有29%在招用技能工人方面有困难。不过，到2012年，人才缺口增加到了45%。[23]2012年9月，威斯康星各地有3.3万多个空缺岗位，其中1万多个在新北方地区。

NEW制造业联盟积极合作，将高级制造业的职业现状讲述给当地初高中和地方社区/技术学院的学生听。联盟通过工厂参观、职业讲解员讲解和工作观摩等方式招聘学生。弗朗兹说联盟打出信息“制造业是充满活力的高收入职业，正在引起人们的共鸣”[24]。

联盟也将公司成员的招聘信息放在网上（www.newmfalliance.org），显示每个工作所需的培训、教育和技能。许多公司成员为他们的员工报销学费，并积极提供实习项目来培训新员工。[25]

联盟的职业教育和信息部门提供资助，组建了计算机集成制造模板实验室。44英尺（约13.4米）的拖车上装载了12台CAD/CAM计算机站、2台CNC机器和其他设备，为农村高中学生提供现代制造业的实操机会。实验室服务于10所学校，每学期可供240人使用。[26]

北方海岸海洋制造业联盟是另一个重要的地区伙伴计划，包括7个制造公司和3个高等教育机构。威斯康星北方一家最大的公司马林耐特海洋公司的一项大合同是为美国海军生产10艘近海战舰。这家公司特别注重联系当地高中，招用高中生参加公司与威斯康星东北技术学院联合开设的培训计划。[27]

是什么成功促成了这些合作伙伴关系？“许多东西本来已有雏形，”新北方的执行主任杰里·墨菲说，“人们在过去5年（2007—2012年）又重设了标准。”[28]

新北方的变革之风越来越强劲。地区人才创新网络让更多人一起努力，在多个部门重建职业通道，从而为威斯康星州东北地区的人提供更多好工作，促进经济发展。

草原优势

许多人认为伊利诺伊州这片大草原只适合种植玉米和大豆。在那里有丹维尔城。

和俄亥俄州曼斯菲尔德一样，伊利诺伊州的丹维尔在20世纪80年代后期受到很大冲击，先是通用汽车工厂关闭，然后是附近的零件分包商也关闭。为了克服这些打击，丹维尔组织了地区人才创新网络来重建区域经济和劳动力。

在1998—1999年，商务部、经济发展委员会和劳动力开发委员会成立了区域合作联合机制——红色优势计划。这个地区人才创新网络逐步开发出大量计划和服务，包括义务教育科学技术工程数学学科（K－12 STEM）计划和活动、职业信息和教育、高中职业学院、奖学金和招聘广告。红色优势计划由公司、当地公共和私营教育机构以及政府单位提供财务支持。

红色优势计划将54家成员公司和机构组合成四类：制造业、物流、技术和服务、医疗。在网站442jobs. com上列出了每一类公司和机构包含的职业、从业介绍及现有的招聘机会。

红色优势计划还与39家公共和私立的小学和中学、5家青年组织合作，重建将学生与未来职业联系起来的通道。这些教育和信息计划的重点有职业实验室、性格与操守开发、应用数学/科学实验学习、接触了解物理科学和工程职业、项目教学，以及最顶级的技术教育项目入门。

红色优势计划助力丹维尔高中为住房体系提供便利，他们开设了一个一年级住房和三个高年级住房——新技术高度、全球住房和ACE（创新展示学院）住房。还有，他们启动了“先毕业!”项目，提请大家注意完成高中学业的重要性，从而提升该地区的高中毕业率。

红色优势计划在从教育到就业和开发劳动力方面发挥中介作用，未来一片光明。学徒制、工人培训、职业教育在整个地区都在加强。一些相邻的县市也在讨论是否有可能建立联系，从而构建更大的企业和服务机构网络。

“红色优势计划会继续助力做大地区经济，”红色优势计划的总裁与首席执行官薇琪·好根说，“只要地区的领导人致力于建设基于就业增长和企业创新的光明未来。”[29]

美国其他一些重要人才措施

美国存在多个地区人才创新网络和其他重要的人才措施计划。以下简要列出几项，供大家进一步了解。

提升劳动者竞争力伙伴——俄亥俄州辛辛那提

这项合作计划包括医疗、制造业和建筑业内的150多家组织，美国联合慈善总会，辛辛那提大区基金会，商务部和解决劳动力问题国家基金。十多年来，各个伙伴在三州地区（俄亥俄、印第安纳和肯塔基）通过工人再培训解决技能短缺问题。这种公私伙伴关系也为职业通道计划提供支持。[30]

新世纪职业计划，宾夕法尼亚匹兹堡

自1997年以来，新世纪职业计划（NCC）已经培训了1 300多名机械师。NCC是将匹兹堡附近9个县市150多家制造商与地方技术学校和社区大学联系在一起的一项合作计划。这项地区人才创新网络计划包括赞助高中学生技术竞赛、工人入职培训和中等技能岗位再培训。NCC也在三个地方通过国家工具和制造行业协会为当地公司开展学徒制培训提供支持。[31]

“对于认定那些从事制造业能力强、意愿高的人，并且对他们进行培训以获得入职的必要技能，NCC做得很成功。施德罗工业协会人力资源经理丹·

佛格迪说："我们很幸运存在 NCC，如果没有他们的支持，我们不知道能够开展什么活动。"[32]

人才 2025——密歇根州西部

人才 2025 是密歇根州西部 12 个县 60 多个组织的一个联盟体。其目的是发挥催化作用，保证为本地区持续提供技能人才。联盟体是中介，协助雇主、教育人士和社区领导开展合作，完善人才培训体系。人才 2025 工作组组织从早期儿童发展再到高中教育再到高中以后职业教育的各种活动。这些活动的目的是推进将人才培养体系与地区经济需求统一起来的战略，从而提升密歇根西部地区企业的可持续性、竞争力和人们的生活质量。[33]

解决劳动力问题全国基金

解决劳动力问题全国基金是 2007 年成立的国家非营利性伙伴关系，以帮助解决劳动力技能方面的差距问题。该基金从洛克菲勒、福特、摩根大通和微软基金会以及当地许多组织内筹集了 3 000 多万美元资金，重建地区人才培养体系。到目前为止，它为 30 多个地区人才创新网络伙伴提供资金，为求职者和新入职雇员提供培训。[34]

10 年 10 万

10 年 10 万创新基金是由基金会、企业、教育机构和其他致力于增强科学技术工程数学学科教学的机构组成的基础广泛的国家网络。2012 年，一些基金会认捐 2 400 万美元，支持旨在用 10 年时间招聘和培养 10 万科学技术工程数学学科新教师的活动。如果一个组织想要成为其中一名伙伴，并且可以捐资用资，必须由现行的伙伴提名，然后将申请材料提交给 10 年 10 万机构。[35]

普渡地区发展中心

普渡地区发展中心（PCRD）设在普渡大学内，为地区合作、创新和繁荣开发新的理念和战略。

PCRD 与其他一些组织合作，编写了地区数据库，包括全国 1 400 个地区性组织的信息，涉及各个合作计划、地区服务及联系人的简要信息。

这个可查询的工作表数据库可以帮你了解本地区的地区人才创新网络，或者创立更大的公私合作性地区人才创新网络。[36]

国际人才开发

培养人才的合作计划在世界上许多地方方兴未艾，其中许多特别集中在从教育到就业方面。以下是几个例子。

新加坡

新加坡是世界上发展最快的经济体之一。教育与经济发展之间联系密切，助推了高端工业的发展，培养了能力超群的员工。学生在中学毕业后有三条教育通道：初级大学、技术院校和技术教育学院（ITE）。后边两种机构主要集中在职业准备方面。5个技术院校在不同领域开设3年期学位课程，比如工程、商务、财会和护理。1992年，随着建立ITE，新加坡职业教育重新焕发活力，改变了这种教育选择的内容、质量和公众的态度。ITE在三个高技术校园与企业界密切合作，提供研修一年和两年的证书。[37]新加坡中学毕业后的教育有很强的基础，十分出色。2011年所有TIMSS和PIRLS国际考试结果中，国家之间进行比较时，新加坡名列前四。这些考试包括四年级阅读、四年级和八年级数学、四年级和八年级科学。[38]

马来西亚槟榔技能开发中心

1989年以来，槟榔技能开发中心（PSDC）这家私营的非营利培训中心一共培养了128 000名工人。它有基础会员130多家公司。中心在维护槟榔屿作为马来西亚电气电子枢纽方面发挥了重要作用，为它赢得了“东方硅谷”的声誉。

PSDC合作模式汇聚了四个产业园内最好的工业、教育和政府，包括775家工厂，雇用了17万名以上的员工。马来西亚其他州都模仿PSDC模式，在全国设立了另外11个地区技能开发中心。[39]

德国、瑞士和奥地利双元制

德国、瑞士和奥地利一直长期保存着很成功的职业/技术教育体系，虽然在细节上有所不同，但是三国的职业准备都融汇了在企业带薪培训和上学。学徒一周花 3～4 天在企业，另外一两天在教育机构。

德国的双元制历史最长。大约 350 个不同的职业都有学徒制计划。德国青年约有 60％选择学徒制计划，平均持续 3 年时间。目前，每年有 150 万德国人参加学徒制计划。雇员人数在 50 名以上的德国公司大约 70％参加双元制。虽然德国 11 个州情况各有所不同，但是，2011 年学徒制计划中大约 2％的位置没有招满。

在奥地利，中学毕业生中大约 40％选择进入学徒制计划，大约有 250 个职业领域。大型公司和小公司都参加，2009 年，4 万家公司共培训了 12 万名学徒。

瑞士只有 800 万人，5.8 万家公司为大约 8 万名学徒提供职业教育和培训。九年学校教育之后，瑞士青少年中几乎有 66％选择职业教育和培训。大约 250 个职业领域都有学徒制培训。学徒制时限一般是 3～4 年，商业计划中职业教育和培训的起始工资为每年 5 万美元。

这三个国家的学徒制体系中突出的特点是企业、行业组织和教育机构存在广泛合作。企业和老师与受训人员一起，直接参与准备课程内容。在这三个国家中，青年失业率低于其他经合组织国家。2012 年 10 月，瑞士失业青年不到 3％，而美国失业率为 12％，欧盟为 22％。[40]

德国劳动和社会事务部部长乌苏拉・冯・德・莱顿将德国双元制描述为“经典的公私伙伴关系”，她相信这种制度会为青年失业率高的其他欧洲国家提供帮助。她对其他欧洲国家说：“因为我们现在处在全球化世界，不管是否痛苦，我们都要进行改革，提高竞争力。”[41]

丹麦——“灵活保障”援助

历史上，丹麦人每年大约有 20％会换工作。对于欧盟经济体来说，这个比例是非常高的。不过，即便在当前世界经济放缓的情况下，丹麦还是保持了相对欧洲而言比较低的失业率（7.9％，7/12）。

丹麦劳动力市场流动性强的一个重要原因在于国家的灵活保障体制。丹麦法律让解雇员工相对容易。但是，丹麦人失业后，如果需要其他技能以求得一份新工作，政府将为那些上当地技术学院课程的人提供补贴。这种人才更新的做法，通常由新雇主提供一部分资金，有时甚至是由老东家提供资金。这种方式让丹麦的劳动经济非常灵活，能对企业人才需求迅速作出反应，并且提高了每个工人的就业和职业保障。[42]

不过，丹麦人才缺口越来越大，人们开始对国家严格的移民政策持有不同意见。丹麦雇主联合会首席顾问海宁·盖德预测说，到 2020 年，丹麦将需要 15 万名能在各种领域工作的技能新工人，比如信息技术、工程和生物技术。[43]

推动尼亚加拉向前

加拿大安大略省的尼亚加拉地区是 46 万人民的家园，这些人居住在 12 个自治区。该地区有著名的旅游景点尼亚加拉瀑布，到处都是家庭轻工业。该地区人口老化，青年人常常前往多伦多地区。2011 年 10 月，我应邀在圣凯瑟琳市举行的大会上发言，此时当地的失业率已经高达 9.2％，而整个加拿大的失业率只有 7.2％。

召开这次会议是因为这里的社区领导人下决心要推动当地的经济发展。乔治·达特是这个地区的领导人，是这次活动的推手。他以前是黄金律国际秩序协会主席，这是一家由美国和加拿大独立墓地管理人组成的协会。2009 年我在参加由这个组织召开的一个国家会议上第一次见到了乔治。协会中美国和加拿大的成员都面临着未来几十年缺乏殡葬人员的状况。因为他们看了我早期所著的一本书，他们找到我，并带我到他们家乡，希望我能为他们提供解决办法。

乔治·达特立即开始和我对话，要我去尼亚加拉地区讨论更大的全球人才短缺问题。他希望其他社区领导人也能听到、读到地区人才创新网络如何解决地方和地区人才发展问题，开展培训，扩展职业信息和信息计划，吸引新企业。达特评论说："看到一些就业岗位流失，我很不舒服、很烦躁。我希望看到企业重回尼亚加拉地区发展。"

有些时候，只需要一个人来点燃社区的行动。达特是当地尼亚加拉大区商会成员，他十分活跃。他与商会总裁瓦特·申兹克和他的职员们一起，组织了题为“推动尼亚加拉向前”的为期半天的大会。正如申兹克所说：“我们要扩大整个地区内企业之间的合作，克服狭隘主义，共同解决人才危机。”

他们召集了来自企业、教育机构、政府、工会和医疗部门的共 50 名代表，让大家了解全球人才革命如何影响到安大略和他们所在的地区。和我们大家一样，他们希望地区城镇和企业繁荣发展，家庭和企业不会大量迁出自己所在的地区。商会公共政策和政府关系主任凯什欧·姆旺兹亚认为，必须在整个尼亚加拉地区开展员工开发行动。他说：“我们当然存在技能缺口。我们开展了许多有关经济发展的讨论，现在是非常关键的时候了。我们必须马上采取行动。”

大会上大家彼此联络，投入到热烈的公开讨论中，这还仅仅是开始。乔治和他的同事们代表着越来越大的民间活动力量，这种情况我曾在美国、加拿大和世界其他地方多次见到过。这些人并没有无助无望。他们踏上了通过尼亚加拉地区人才创新网络重振教育到就业体系的征程。这项事业不会一帆风顺，也需要时间。但是，他们决心已定，要克服社区重建就业储备和通道存在的挑战。这是他们对加拿大未来的繁荣所做的贡献。[44]

后记

全球人才培养并不是零和游戏。并不是如果一些国家扩大自己的人才储备，其他国家就必须是输家。事实上，每个国家都可以增加技能人才，组成更强大的经济力量，正如以上两章所分析的情况。地区人才创新网络正在帮助劳动者和企业更好地适应目前劳动力市场的迅速变化。

技术的重大进展使我们处在一个历史变革的分水岭时代。挑战的关键在于重新思考我们如何为更多的人创造更强大的学习技能。在这个转轨过程中，有一点正在慢慢为人接受，但常常伴着痛苦，那就是明天的就业、职业和成功的生活只属于那些更加全面发挥自己个人才能的人。

地区人才创新网络是催化剂，将不同地方的各种不同元素汇聚在一起，为 21 世纪劳动大军创造出新的人才体系。要在近期实现这一目标，我们应该在整个社会推广地区人才创新网络的做法。那将需要什么样的企业和政府新政策？以下章节将讨论未来之路。

第四部分
未　来

第8章
企业新议程

与重塑政策一样重要的是改变态度……让我们大家都鼓起可为的精神，就是这种精神把美国变成了创新的国度。[1]

——罗伯特·史蒂文斯（Robert J. Stevens），洛克西德马丁公司董事局主席、总裁和首席执行官

言行一致

从大型集团公司到中小企业的许多总裁都在抱怨，他们要找到21世纪就业所需要的技能人才越来越困难。在2011年11月召开的有100名总裁参加的《华尔街日报》首席执行官委员会、2012年6月召开的大约40个大型公司首席财务官参加的《华尔街日报》第二次年会上，一个重点优先议题就是提高人力资本。凯撒医疗集团、甲骨文、陶氏化学公司、卡特彼勒公司、英特尔、联邦快递、纳威司达以及财富500强其他许多公司的首席执行官都说："美国必须提高工人的技能，以利于出口增长。"[2]

首席财务官也都同意，当务之急是通过"做好文化和人才的事"建立创新的工作场所。安泰保险首席财务官约瑟夫·佐伯瑞特斯基说："创新是我们财务资本与智力资本交汇的地方。"[3]

西门子集团首席财务官乔·凯撒指出，很多首席财务官也同意，必须建立一个"有效、强劲和现代的教育体制"。[4]集团建议说，私营企业在建立更多技术教育项目方面应发挥自己的作用。但是，大多数公司仅仅是被动地依靠当地学院、大学和内部培训这样的教育到就业体制来不断更新技能人才的储

备数量和质量。但是，这种以前很成功的办法并不能培养出当今企业需要的人才。

像美国电话电报公司、微软、IBM、英特尔、惠普、联合技术公司、波音、卡特彼勒和其他许多公司都支持实施大量计划来提高人才创造。这些计划包括防止社区高中生辍学，开设高中职业学院，提供大学奖学金，给予雇员学费援助，开展学生数学、科学或计算机竞赛，开发教师的数学科学专业能力，以及提供科学技术工程数学/工程预科课程方面的帮助。

企业和基金会也在为一些非营利组织提供财务援助，如未来就业、技能美国、IC之星和一年焕新等组织，这些组织都专注于人才开发的特定领域。这些计划为改进技能开发的教育活动提供指导。

这些计划在过去20～30年都有怎样的影响？它们的可持续性如何？它们在哪些地方得到了推广来改进一个地区的人才体系？对这些问题的答复都表明，有必要成立地区人才创新网络。这些网络可以把单个的计划联合起来，形成整体的系统变革力量，并且通过成立广泛的跨部门公私伙伴政策保持这些计划在基层的可持续性。

认真的改革要求改变企业政策，这就意味着在公司内外需要进行政治辩论。正是在这一点上，地区人才创新网络可以让企业专注于培训和系统的教育改革。我们考察的一些案例中，企业领袖与教育人士、工会负责人、政治家和其他社区领导进行对话，建立新型的可持续的人才培养结构。

公司的高层人员亲自参与地方的人才创新网络，解决一些棘手的问题。他们承认，他们采取的一些行动最初被看成是政治性的、不得人心的。但是他们在阻力面前能挺得住。这个过程使得人才转变的变革成为现实。[5]

没有更多的人才，企业如何帮助美国经济成长？正如西北大学经济学家罗伯特·乔丹指出的那样，一个主要问题在于美国出色的教育出现了平淡化。美国企业必须通过政策，扩大成人教育的普及性和吸引力。[6]

美国企业应当不仅仅看到短期的经济利益和赢得当下的利润。这十年，鼓励增长的企业政策应当专注于提高生产力，而这又来自于扩大的人才队伍，因为他们可以更好地运用高科技生产或提供更多更有竞争力的产品或服务。[7]

许多成功的公司现在将人才培养战略融入到自己更大的企业可持续性模式之中。但是大多数公司还没有进行这方面的尝试。也许有一半的美国企业准备了雇员人才开发计划，但大多数公司并没有加以实施。这种趋势可见于2013 年大会委员会首席执行官挑战调查中。欧洲和亚洲的总裁将人力资本列为他们面临的最大挑战。不过，美国的首席执行官将人力资本列为第五，排在执行出色、政府监管、客户关系和创新之后。[8]

人力资源管理学会 2011 年的一份调查发现，28％的组织甚至还没有处理重大的可持续问题，更不用说培训和开发问题。障碍在于费用。[9] 由雇主赞助的培训费用中 80％是由 20％美国最大的公司提供的。大部分的费用花在这些组织中的高层。不过，科学技术工程数学方面的领军公司还是为自己更多的雇员提供高级技术和科学培训。但是，对于大多数工人来说，能得到在岗培训就是很幸运的了。

对于美国企业来说，当今提升雇员技能相比以往任何时候都是一项关键任务。尽管美国每年在教育和培训方面投资近 1 万亿美元，即财政收入的7％，但是，许多工人还是未能享受。

人力集团的报告（2012 年）指出，美国雇主中有 28％提供补充培训，以克服人才短缺问题。不过，这一比例远低于西半球其他接受调查的国家中雇主 37％的平均值。[10]美国企业为什么这样不愿意培训自己的员工？

大多数经理和小企业主很少思考人才短缺潜在的影响。只有当他们感受到技能和岗位不匹配威胁到自己企业的可持续性时，这种情况才可能发生改变。

《培训杂志》（*Training Magazine*）年度培训产业调查显示，企业培训开支起伏不定（参见表 8.1）。2012 年人才开发比以往任何时候都更加关键，但培训开支却低于 2011 年的水平！不过，过去几年美国公司沉积了大量现金，达到了 3 万亿以上（2012 年）。[11] 为什么没有更多的企业进行培训呢？

表 8.1　美国企业培训和教育开支

年份	美元（10 亿）	变化比例（％）（已做取整处理）
2001	56.8	＋5
2002、2003	52.8	－5
2004、2005	51.4	
2006	55.8	＋7
2007	58.5	＋4.8

续表

年份	美元（10亿）	变化比例（%）（已做取整处理）
2008	56.2	－4
2009	52.2	－7
2010	52.8	
2011	59.7	＋13
2012	55.8	－6.5

注：2004、2005和2010年数据原文未提供。

资料来源：根据《培训杂志》年度培训工业调查编制，2001—2012。

应对培训“三大”反对意见

大多数企业主坚信“培训没用!”论点如下：“浪费时间和金钱。我通过自己努力出人头地，我为什么要把钱花在雇员身上呢？我们缴税又是为什么呢？我作为首席执行官的责任就是股东价值最大化，仅此而已。”（对于小企业主来说，“我的责任就是家人总是过好日子，仅此而已。”）

企业反对雇员培训/教育通常基于“三大”反对意见：

＃1——“大多数培训极少或者根本不会提高工人业绩。”

＃2——“如果你培训员工成功，他们会被竞争对手挖走。”

＃3——“培训没有准确的财务矩阵。对于培训项目我们无法量化投资回报率。”

这里有一些答案，能够帮助改变企业中有关培训作用的看法。

＃1——“培训没用”与留住人才

几年前，一名首席执行官对我提出挑战，要求用一页纸给出大家能看懂的证据，说明培训和教育可以在企业中促进创新。我当时所画的内容参见图8.1。

创新是如何发生的？运气？天才？个性？有证据表明，大多数人的创新能力随着时间而增强。

学生从小学升到中学时，他们需要通过记忆掌握信息，也要开发自己的学习能力。到青少年的时候，他们都应该完全知道如何追求和消化新知识了。

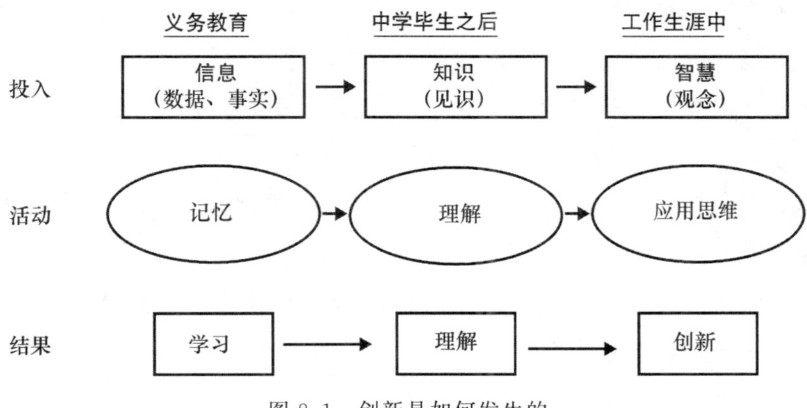

图 8.1 创新是如何发生的

现在的学生更多参加一些集中在发展职业的中学毕业以后的计划。青年人已经开始经历人生中的一些悟性时刻，包括日益理解特定职业的基本本质和需要。他们运用前期获得的数据和事实，形成新的观点，能够更好理解世界是如何运转的。

青年人进入职场后，许多人面临第一次将理论用于实践的挑战。他们需要运用所有掌握的信息，加上解决问题的能力和批判性思维技巧，创造出新思想，反过来创造出创新型产品或服务。

苹果公司的史蒂夫·乔布斯曾经被问到什么东西使他的公司很特别。他回答说，“是苹果的 DNA，只有技术是不够的，是技术与人文艺术结合、与人文学科结合，才为我们创造出让我们满心欢喜的结果。”[12]

换句话说，这是技术的世纪。创新者会胜出。你需要将科学与人文相结合的工人，他们有新的思维方式、新思想，能够创造性地运用自己的想象力讲述新产品、新服务或新的业务方式的情况。这些人已经越过“科幻小说”的障碍（参见第 4 章）。他们有认识和利用新技术潜力的能力。他们是你的公司必须开发的竞争型人才。[13]

已经过世的彼得·德鲁克也把管理描述为一种人文科学。他指出，管理是人类所有活动的基础，除了具有企业功效外，还有社会作用。不过，过去 20 年，华尔街和工商管理硕士学科都关注于短期利润。这种文化威胁着企业和组织基本核心人才的可持续性。

美国企业老板常常断言，当今的大学毕业生对公司需要他们承担的复杂工作准备不足。具有讽刺意味的是，许多高等学院降低了人文科学的要求，这些学科能够增加学生所学知识的深度，更好地开发他们的批判性思维。过去，企业招用人文学科专业的人因为他们受的教育更宽泛，拥有探索精神。他们通过公司培训获得业务知识，在公司主要部门和行业进行轮岗。他们对企业的老问题常常能够提出新的办法。最有潜力的人得到指导，要培养成未来的领导人。[14]

我工作中接触过的许多最好的首席执行官和经理都有这种背景。现在，新的一代人需要有同样的机会。把所有学院和大学变成职业或技术院所对于解决目前缺乏创造型青年管理人才作用甚微。

在当今网络智能时代，美国企业一直在向利用先进技术、生产费用更高的复杂产品和服务进行调整，从而保持在全球的竞争地位。这些做法都是基于适应性很强的管理体系和高级技术的杠杆作用。这种战略也需要在各个层面都有专门人才，为更高业绩、创新和高质量水平提供支持。这种新的职场结构模糊了工人与管理层之间的界限。为了提高生产率和利润，企业需要积极调动员工的眼、耳、脑和情绪。培训可以是其中重要杠杆之一。

公司培训和教育计划应该专门针对员工业绩和企业生产率问题。一方面，设计糟糕、零星、停留在嘴皮子上、撒胡椒粉式的培训，或者用来掩盖管理错误决策的培训解决办法通常都是浪费时间和资源。在你的组织中，有多少以前耀眼的管理理念在有时间付诸实施之前就被扔在一边？其结果就是对变革感到疲劳、对培训感到失望。

另一方面，对目标群体合理设计出高质量培训。人们有充足的时间学习和思考如何将新方法运用到工作岗位上，甚至动手试一试。管理层应该明确支持这样的变革，在本单位推动落实。[15]

网上学习现在非常热门。从好的方面看，这种培训方式对于自己设置学习进度、受过良好教育的员工来说很好，不受时间和地点限制。管理层对其内容也可以进行掌控。纯粹的网上学习更廉价，因为去除了员工上课时间、路程、教室和培训员的成本和费用。

从消极方面看，研究表明多数员工需要与其他人在教室环境中进行互动。在教室里授课可以让学生与培训员或教师在现实生活中面对面，这时教员可以很快看出学生对哪些内容的理解容易出现问题，从而进行调整，予以更正。

有对话的学习是最成功的，唱独角戏般的讲授是最没有效果的。

混合式的学习可将两者的优势集中起来。在适用的情况下，可以运用计算机培训的方式制作学习模块，比如传授新的事实性信息或程序。培训员或教师在使用团队教学办法时是组织者。混合式学习方法最契合指导性模块的教学与课程内容和学员的业绩目标。[16]

许多企业已经在做出不懈努力，以保持与时俱进。这些企业领导人认识到，必须不断适应形势已经成为网络智能时代的新现实。计算机技术正在改变几乎所有行业就业的本质。在许多情况下，员工在学校学到的知识相比他们当下应知晓的知识仅仅是一小部分。持续的培训可以帮助他们跟上时代，在迅速变幻的未来维持公司的实力。[17]

培训事务简单说来是这样：公司是否愿意将时间和金钱用来开展有效培训？如果是，那么培训和教育就可以提高公司业绩、生产率和利润。如果不是，公司就可能不会有持续性，创新也会降低，因为人才储备会消失。

＃2——“如果你培训员工成功，他们会被竞争对手挖走”与培训增强忠诚度

大型企业提供内部培训可能更加容易。有些还开办企业大学。地区人才创新网络现在正在帮助一些小型公司参与到员工开发之中。地区人才创新网络成立区域性技能培训中心或者与当地的大学机构建立伙伴关系。这样，小企业就可以提出新招聘人员所需技能，为现有员工提供技能更新培训。这种合力大大降低了单个企业的培训成本。

地区人才创新网络越是强大，工人被挖走的可能性就越小。地区人才创新网络当前的情况显示，企业广泛参与到这些网络，在其成员中可以将挖人的比例降低 75％。

小企业通过当地高中职业学院、社区学院或工会计划参与到地区人才创新网络实习/学徒制计划的情况也是如此。鼓励小企业广泛参与到这些区域计划有助于各个伙伴方，因为计划的费用由大家共享，各方都受益于更大的受训人员人才库。

令公司感到遗憾的是，他们发现如果不给员工培训，公司很可能会失去这些员工。年轻、有技能的员工尤其如此。30 多岁成就高的员工平均每 28 个

月更换一次单位。离职访谈研究发现，缺乏培训机会和职场的引导让他们决定走人。培训能够提高年轻员工的忠诚度，如果培训与未来的职业道路也存在明确的联系。如果没有，他们会将自己的技能和教育带到更加适合发挥他们潜能的公司。[18]

培训对于更新50多岁和60多岁员工的技能、将他们留在公司也很重要。《金融时报》管理分析员安德鲁·希尔说："希望吸引和留住技能人才的公司，在新近毕业的员工和接近职业晚期的员工身上使用同样的灵活性思维和注意力。"[19]

通用电气每年在克劳顿精英管理学院花费10亿美元。诺华公司为顶级经理定期开展脱产培训。英特尔公司老板安迪·葛洛夫每年至少花一周时间为年轻有为的总裁们讲课。通用电气的杰克·韦尔奇和宝洁公司的雷富礼也是如此。[20]

大小公司都必须理解，这十年越往后有才华人才的缺口就越大。他们会考虑选择能给自己最好培训、指导并且能与自己共渡未来的公司。

#3——"培训结果无法测评财务效益"与投资回报率模式存在相反结论

人力资本是建立在人的一生中积累的技能、培训和教育基础上的个人智慧的总和。[21]对培训或教育计划能否通过量化的投资回报率进行计算存在很大争议。一些老板希望培训回报率以多种形式进行计算，如对企业的贡献、顺应企业发展、企业价值，以及与业务的直接联系。[22]

麦肯锡公司说："选择正确的量度是创造培训真正价值的关键。"[23]当前，世界各地的大小公司也正在采取这些方式。

精确计算投资回报率的关键在于获取企业的基本业务数据，运用计算表分析测评结果。数据应包括利润率、总收益和执行结果数据。这一过程要求一个组织内的各个单位在收集和分析信息方面进行合作。

我们的研究表明，培训应针对员工业务的特定问题。更高质量的培训有更高的回报率，因为培训在员工行为和思维方面带来更大的改变。[24]

现在雇主可以使用多种投资回报率计算方法，来对培训或教育计划进行深度量化评估。许多投资回报率的测评方法使用评估软件。

一种方法是使用"人力资源投资回报率九步工作表"。这种方法可以在企业开展大多数技能培训或教育项目之前与之后预测现金回报。这种方法也可以用来比较内部培训与外包培训。

还可以解决三个重要问题，这些问题此前一直影响到对培训进行精确的财务测评：

1. 培训有效性与企业其他变量：结果是来自培训本身还是企业中的其他因素？

2. 思维变化：除非有办法计算培训转移到就业中的“平均值”，否则就会夸大培训的投资回报率。

3. 培训折旧：即便是最好的培训计划，也不能永久性地改善企业。必须对培训计划的收益按时间进行折旧。[25]

人力资源投资回报率九步工作表是一份用电子表格处理的文档。可以用两种格式免费下载，网址：http://www.imperialcorp.com/humanCapital.html。

如今，美国以外的许多世界顶级公司在创新方面走在美国前面，他们更重视培训的投资回报率。他们并没有忽视两者之间的关系，而是通过协调使用高技术与技能人才开发从而提升未来的竞争力。美国的主要竞争对手正将更多投资花在公司人力资本方面，采取的方法是员工在岗培训、总裁开发和学生职业教育。

推翻昨天的逻辑

人才体系现在的结构塌陷是过去 20 年积累的结果。重建这一体系绝非易事，需要时间。正如麦肯锡全球研究所的一份研究所指出的那样：“创造出美国持续增长和保持竞争力所需要的就业，政府、企业和教育界领导人都必须有创新精神，并且愿意考虑企业还不曾尝试的解决办法。”[26]令人欣慰的是，地区人才创新网络为这类创新提供了跨部门的合作框架。

除非企业界、教育人士和政府都全面了解美国劳动力中尚待开发的巨大潜能，否则不会出现培养人才的强劲活动。正如彼得·德鲁克所警告的那样：“发生动荡的时候最大的危机不是动荡本身，而是用昨天的逻辑采取行动。”[27]

要改变这种逻辑，我们看到越来越多的企业注重劳动力分析论、劳动力规划、区域职业教育和员工业绩管理。这些人力资源问题通常是企业最难管理好的。

如果公司不了解自己的员工当下和未来需要哪些技能，那么人才培养的事可能被浪费掉。企业应该建立员工技能档案。然后就应该规划出本组织内未来创新和员工创造力的路径。最后，公司还要决定公司文化和社区要用多大力度推进新的人才培养体系。

因为私营部门的企业占据美国就业中的大部分，他们应该引领建立 21 世纪人才体系。企业应该在内部开发人才，但也应该与教育人士和社区合作，重新开发从教育到就业体系。关键是开展更多的宣传和扩展计划。学生和家长应该更多了解技术如何改变职场和人才要求。应该通过实习和学徒制计划建立学校与就业之间的联系。

地区人才创新网络为越来越多的公司提供援助，帮助他们共同解决本地区的人才挑战。现在，企业要有新议程，推广地区人才创新网络模式，而不是向华盛顿要答案。美国以前做过这种事。我们可以再来一次。这存在于我们的基因之中。

第 9 章
政府调整

如果在技能方面没有足够的投资，人们在社会边缘煎熬，技术进步就不会转化为经济增长，国家也就失去了竞争力……简而言之，技能已经成为 21 世纪经济的全球硬通货。

——经合组织（2012 年）[1]

人才培养伙伴关系要取得成功，地方、各州和联邦政府机构与专门立法团体应发挥重要作用。政府应在政策层面上鼓励和帮助企业对未来或现有员工进行培训投资。政府立法涉及从学前班到研究生项目的各级教育。从教育到就业的体系应当进行重大结构改革。学生学习是一个渐进过程。一个层级的失败会导致下一个层级也失败。政府参与对于提高标准、提升教育平等以及在各个层面提供更多教育选择都十分关键。

投资于人力资本

2010 年，英特尔公司总裁和首席执行官保罗·奥特里尼宣布了一项耗资 35 亿美元的计划——“投资于美国联盟”，瞄准了多家清洁技术、信息技术和生物技术公司的创新业务。英特尔和其他 16 家技术公司也承诺招聘更多大学毕业生，创造出明天的新产品和服务。[2] 但是，奥特里尼对人力资本投资却只字不提。

人力资本是建立在人的一生中积累的技能、培训和教育基础上的个人智慧的总和。将这种能力运用于知识经济中，才能为每个企业创造出真正的价值，带来创新。[3]

“关于提升人力资本作为竞争优势的源泉，各个利益相关群体之间——企业社区、政府、工会和其他群体，并没有怎么开展建设性的对话。”[4] 麻省理工学院斯隆学校的管理教授托马斯·科钱说。这种情况将要发生改变。

美国资深管理大咖汤姆·彼得斯在与普通首席执行官随机的 30 分钟访谈中，问为什么他不大可能听到员工培训和教育的事。“我可以打赌说，大多数首席执行官将信息技术投资视为‘战略必需品’，将培训开支视为‘必要的邪恶’。”彼得斯提出，应该重新书写新的企业规则，解决当下的人才危机。他呼吁“在企业和国家政府层面发布人力资本开发宣言”[5]。

美国大学、城市学院和德国劳动研究学院经济学家罗伯特·里尔曼建议，低成本干预、鼓励更多公司培训和教育，就是承认人力资本的资产价值。“变革会体现在收入报表和资产负债表中，培训投资会产生为以后带来利润的资产，”里尔曼说。另外，里尔曼相信：“因为公司赞助的培训有高回报率，公司赞助的其他培训似乎也会很有效，并能提升美国工人的技能资格和收入。”[6]

美国财会制度将员工培训和教育费用列为企业开支，而建工厂或购买设备或软件是投资。我们预测，那些家族公司和没有上市的小公司还是喜欢这样的做法。[7] 但是，尤其是对于上市大公司，这就意味着季度收入中要减去培训开支，而设备和大楼投资可以随时间贬值（根据美国国税局规定）。这种局面让那些投资于员工培训和教育的企业老总很难在账面上满足华尔街每一季的财务预期。如果培养员工技能以后一直要作为开支而不是投资进行处理，会在整个企业界对培训和教育产生永久性的消极看法。

管理专家斯蒂芬·科维将当前的人才培养状况比作用放血的办法治疗疾病，而此时我们已经了解到干细胞理论。你可以尝试将放血做得更好，但企业基本看法还是应该避免人才开发这种开支。然而，科维断言说：“附加值中80%来自于员工。”[8]

培训和教育在美国经济中变成了多么重要的无形工具？联邦储备银行和马里兰大学研究员的一项研究（2006 年）考察了这个问题。他们发现，企业投资到多种无形资产中，例如研发、培训教育、数据库和软件、广告和商标。这类企业投资的比例从 20 世纪 50 年代到 90 年代中期基本上没有变化。然后，到 2000 年投资开始升到了大约 1 万亿美元。这与企业在传统的固定资产方面所做的投资处于同一水平。

2000 年之后，信息技术泡沫破灭了，无形资产投资再也没有恢复到以前的水平。例如，2010 年，美国企业花在信息技术硬件方面的费用比培训教育费用多 10 倍。到 2012 年，在培训和人才开发方面的无形投资下降到了低于 2001 年的水平。

然而，根据这项研究，在 20 世纪 90 年代后期，美国过时的财会制度在国内生产总值中减去了企业投资带来的 1 万亿年度经济增量。这项研究发现，1995 年美国无形投资与传统的房产资本投资相同，驱动国家经济的总体增长。[9] 但是，重大变革现在要开始了。

2013 年，美国成为采用新的国际 GDP 会计标准的国家之一，将研发计为投资而不是开支。美国经济分析局核算经理布兰特·慕尔顿说："世界经济在发生变化，越来越多的人认识到，无形资产在现代经济中也非常重要，发挥的作用类似于过去计入的有形资产。"[10]

这种变化会提升企业的利润，因为公司不再将研发折旧作为开支计算。而且，私人和政府的储蓄率也会上升，将这种增量反映在国家资本投资中。

美国经济分析局局长史蒂夫·兰德费尔德相信，在得出美国经济增长更精确的信息方面，这仅仅是开端。"大家应该更加深入地探究无形资产。研发只是其中一个疑点。"[11] 我们强烈认同。

财会标准委员会必须更新会计标准，让企业可选择将培训、教育、学徒制或实习方面的开支变现。如果培训教育项目的支出是企业独有的，国家税务局在一些情况下已经允许这样做。

例如，一家银行花 2 000 万美元购买了新的计算机系统。根据国家税务局规定，这一设备的费用可以按使用寿命进行折旧。在这种情况下，可以分摊到 10 年。计算机制造商对银行说，要在这个时间段使用计算机体系，目前和以后员工技术培训需要花费 40 万美元。采购经理告诉我们，将技术培训费用加到新技术采购价格中是普遍遵从的财务程序。这样，银行可以折旧的数额是计算机体系实际采购价、安装费用和在使用寿命期间内员工的培训费，即 2 040 万美元。[12]

不过，事情并没有完。当前计算机系统非常复杂。只有员工掌握了技术技能和所需的软技巧（比如系统性思维、问题分析、团队合作、统计知识等），计算机系统才能真正实现提升生产率和改进员工业绩的优势。

这样，银行员工还需要接受以下一些额外的培训和教育：数学（10 万美元）、团队建设（25 万美元）、人际/客户服务技能（15 万美元）。根据国家税务局的规定，这些费用也可以资本化。

国家税务局规则 96－61 规定："培训费用只有在特殊情况下才能资本化，比如如果培训主要是为了以后获得利润，并且大大区别于与纳税人职业生涯或业务进程中提供的传统培训相关联的部分。"我们相信，操作计算机新系统所需的 50 万美元的额外培训费是不同寻常的费用扣减，因为此前从未向银行员工提供过。提供该培训是为了使用新技术，以后会为银行带来利润，并且有别于与过去任何培训相关联的部分。这样推算下来，银行计算机新系统的总折旧费用应是 2 090 万美元，而不是 2 040 万美元。

在今天快速增长的知识经济中，在上市公司中开支培训费用不合时宜。美国时下的会计标准是针对 20 世纪美国的批量生产经济，当时变化慢得多，人们主要是半技能和无技能就业。当时，专业继续教育主要是留给公司执行人员和专业人员。今天，这种教育要针对更多中层工人。新经济要使用新的人才培养财务报表，将此项作为投资列入资产负债表中，这样企业就能够在短期和长期利润中跟踪培训和教育的影响。

在企业人力资本中做更多合理投资可以提升组织改进员工业绩、提高生产率、更好利用技术进展增加利润空间的潜能。美国大型上市公司的资产负债表上有大量现金。许多这些公司也报告说寻找技能人才很困难。美国财务会计准则委员会新的会计标准和国家税务局的规定允许企业有灵活性，将培训、开发、教育和实习开支资本化，这样会使得人力资本投资对企业高层更具吸引力。

特别是，将培训资本化会在以下方面激励美国企业：

- 运用培训来填补长期空缺的岗位。
- 出现新技术或者管理结构调整时，对现有工人进行再培训。
- 支持学徒制和实习计划，为企业长期可持续发展做储备。

以上措施都将提升美国创造更多人才的能力，对美国减少失业会产生现实和长期影响。企业培训和教育资本化除了创造更多就业外，还能帮助美国经济从消费再平衡到增加高新技术投资、国内生产和出口方面。[13]

对于未来的知识经济，“不应当忽略以下两方面之间的联系：一方面是创新、人力资本和获取知识，另一方面是在无形资产、信息技术资产、改变工人质量和多因素生产力等方面的投资。”经济学家卡罗尔·科拉多、丹·思歇尔和查尔斯·胡尔顿指出：“令人奇怪的是无形资产被忽视了如此之久……如果在经济增长统计中排除这些数据，这种偏差潜在的（财务）影响会加剧。”[14]

美国当下急需这种新的人才投资算法，助力保证美国在 21 世纪前期保持技术领先。美国有跨国业务的组织在遏制全球的人才短缺方面处于优势地位。不过，正如我们在本书中已经提及的那样，麦肯锡全球研究院在 2010 年就警告说，对于美国文化和社会会支持采用更严格的教育标准，按要求培养出具备从事高技能工作和职业所需知识和技能的人才的说法，许多企业领导人持怀疑的态度。[15]如果企业对于人才和技能开发没有重要贡献，那么这次警告就会是自然实现的预言。

汤姆·彼得斯大力倡导“将最广泛意义上的培训与资本开支一样，列在企业议程之首。”彼得斯承认，这种人力资本宣言看起来可能“离我们的现实情况非常遥远”。不过，在创造力对于企业增长日益重要之时，“人力资本投资……已经归入‘非选不可’类别。”[16]我们需要每个人都得到这一信息！

改善联邦就业培训计划

企业一政府合作并不是新理念。美国国家航空航天局阿波罗登月计划表明这种合作可以有多成功。不过，现在政府的大多数劳动力开发伙伴关系都限于与非营利机构合作，伙伴关系中不包括赢利的企业界。

联邦就业培训计划历史悠久。大多数计划成立的目的是帮助弱势工人，尤其是下岗和迁徙人员以及长期失业人员。过去 40 年出台了一系列法律。以下是最突出的几个：

1. 《1973 年全面就业与培训法》（CETA）
2. 《1982 年就业培训伙伴关系法》（JTPA）
3. 《1960 年卡尔·帕金斯职业和应用技术教育法》
4. 《1994 年从学校到就业机会法》
5. 《兼顾个人责任与工作机会法》（1996 年）

6.《1998年劳动力投资法》(WIA)

根据《1998年劳动力投资法》，成立了地方劳动力投资委员会，该委员会与地方组织签订合同，提供培训和其他服务。这些培训主要是针对从事低技能/低工资工作人员的普通培训，这些培训大部分都失败了。现在，5 620万美国人（15%）生活在贫困线以下（2012年）。现在有更多的收入在贫困线以上的工人被长期的结构性失业危机推至失业。接受正规教育少以及没有或极少掌握职业技能限制了他们未来就业的前景。

对于多个联邦培训计划批评声的调门越来越高，因为除了劳动力投资法未参与协调外，这些计划也不重视地方社区的就业机会。我们已经看到，这种情况最近已经有所改观。如芝加哥地区未来技能、招聘成功（圣保罗-明尼阿波利斯）和其他一些计划，已经开始与地方劳动力投资委员会结成伙伴关系，将失业人员与企业存在的特定空岗进行配对。这些人接受企业培训，并辅之以在当地高等学院参加课堂学习。该计划由公共财政与私营企业联合出资。

地区人才创新网络提出了一个很有说服力的扩大公私培训合作的模式。我们还应更加全面思考谁应接受培训。大约8 900万有资格工作的成年工人目前没有加入到劳动力市场，涉及以下很多美国群体：

· 准备生孩子的母亲，或者已经离开劳动力市场去生孩子然后打算回归的妇女（2 700万～3 000万）[17]

· 已经退休或者将在2013—2030年退休的婴儿潮一代，他们可能还会至少从业于非全日制工作（7 000万）[18]

· 身体或智力方面存在挑战的人（2 000万～2 200万）[19]

· 刑事犯罪人员（300万～500万）[20]

· 找文职工作的退伍军人（1 000万～1 500万）[21]

在一些地区和州，一些计划对这些人进行再培训，让他们再次进入劳动力市场。今后10年，这样的工人数量将达到7 600万至1亿。政府和企业加强合作有助于动员这些潜在的人才资源，将他们转变为对人民、企业和整个经济来说都很重要的真正资产。

击碎教育的泡沫

哥伦比亚师范学院前校长伍德罗·威尔逊国家奖学金基金会主席亚瑟·列文评论说："我们现在陷入的局面是，上得起最富有的学校的那些学生在全球层面表现平庸，而那些只能上城市中很烂学校的学生则在国内被边际化。"[22]

首先，我想对所有从事教育的人士说几句。每个层面都有许多专职人员，全心全意帮助各位学生在学业上取得进步、成长为成熟并且有责任心的成年人；如果您是这样的人，我们真诚地感谢您，感谢您在这个不易的职业中的坚守。有些时候，您还要忍受那些对教育学生和教学工作缺乏热情的人的轻视。

但是美国需要你们。我们承认你们的价值，因为美国的未来的确就是掌握在你们手中。我们保证要更好地调动和奖赏你们每天的工作，让每个学生的潜能发挥到极致。

对于那些不认同这一说法的人，我提几个问题请你们思考，这也是作家佩姬·努南提出的问题："你还记得教师的使命吗？还记得为什么去学校工作，你打算要做些什么，多年前你还在现在单位之外是如何看待这所机构并且想要成为其中一员的？"[23]

美国教育质量存在巨大差距，引起严重的社会和经济后果，这一现象正在激起大家做出各种努力，从根本上改变美国教育体制，其目的是保证每个学生为成为负责任的公民做更充分准备，能够有更清晰的路径以获得有保障的技能职业。这不正是 21 世纪美国梦的内容吗？

教育变革的高速列车就要抵达你的社区了。你可以坐上车，成为改革进程的一部分，或者被抛在后面。选择权在你手中。

政府 30 年的教育改革被教育中的许多既定机制所冲淡，这实在令人有些匪夷所思。自从 20 世纪 60 年代通过《人权法》以来，在改进少数族裔方面取得了一些微小的进步。但是，整体而言，具有从事 21 世纪职业所需的技能和教育的毕业生的比例基本上没有任何提高（参见第 5 章）。

那些有根深蒂固既定利益的团体通常对最新一轮的改革理论表示欢迎。然而，他们在实际工作中照常按以往的方式进行教学，将改革化为乌有。罗纳德·里根的教育部长威廉·贝内特很机敏地将这类反改革团伙冠以“泡沫一族”。2013年，几乎30年之后，他引用总统科学技术顾问委员会的一份报告，该报告指出，到2020年，我们需要的科学技术工程数学类大学毕业生比现在预计的要多出100万。他回应说：“我们离达到这个目标距离太远。我们当今表现平平，阻碍了国家经济增长，也极大影响了下一代用高收入、拉动增长和令人满意的就业养活自己和支持国家的能力。”[24]

如此多的学校出现失败，他们给出“三大借口”：政府拨款不足、经济不平等、文化上的漠视。这些因素都很重要，但是，现在又出现了一些其他重要的成因。

拨款很重要，但也要看资金使用方式以及花在哪些方面。虽然美国在教育拨款方面排名第一，但在学生总成绩方面却落在其他许多发达国家之后（参见第5章）。PISA（一项学业测评和成绩排名的国际计划）分析部主任安德鲁·施莱切认为，国家之间学生学习之间的差距只有10%与金钱有关。[25]

华盛顿大学的丹·戈德哈伯相信，学生的家庭收入能够影响到本人在校成绩的60%。澳大利亚收入差距比美国还大，但是澳大利亚学生阅读成绩排第9位，优于排在位于第15位的美国学生（PISA，2009年）。中国上海位于第一。

大众文化也是一个重要因素。在成绩排在前列的新加坡、中国香港、韩国和芬兰，家长通常也给力，将孩子和学校推向成功，美国家长大约25%也是这样。[26]

当代文化也会给我们制造了相互矛盾的教育现象。一方面，我们读到存在高中辍学的危机，但同时我们也读到学生抱怨自己淹没在学校功课中。一份对小学和高中学生的调查的发现令人深思：

• 许多学校功课对学生没有挑战性，大多数学生说学校功课“太容易”。四年级学生中的37%说他们的数学功课太容易。

• 许多学生的学习活动强度不大。小学和高中学生中很大比例说，他们很少或者从来没有要求去做达到他们年级水平的阅读或写作作业。

• 学生无法获得关键的科学技术学习机会。八年级理科学生的72%说他们没学过工程和技术入门概念。

• 许多学生不懂他们老师的问题。他们报告说课堂上的学习很失败。

36%的高三学生说他们很少能够明白数学老师讲解的内容或提出的问题。

• 有困难的学生在教室中能够体验高质量教学的机会更少。中学学生中，只有 56%一般能够理解科学老师在讲什么。[27]

虽然不存在能够击碎美国教育泡沫的魔力子弹，在我看来，改进的道路包括增加教育多样性，在社区和校区开办不同类别的学校，针对教学和学校管理职责进行立法，制定更高标准。以下将考察三种新出现的教育方式：特许学校、包含文科学习的大学预科综合性职业学院、学徒制教育。

特许学校

1992 年，明尼苏达州成为美国第一个颁布有关特许学校法律的州。2012 年，美国 50 个州中的 41 个州共开办了 5 600 多所特许学校，入学学生超过 200 万（占所有学生的 4%）。特许学校由政府出资，但是独立管理。它们可以不受当地教育规定和工会契约限制，自行确定工作条件。许多特许学校之所以得以成立，是为了解决贫困和少数民族孩子在校成绩存在的差距。[28]

特许学校多种多样，有些成功，有些也不尽人意。在各州和各个城市之间，特许学校的成绩也各不相同。斯坦福大学的科利多（CREDO）研究发现，在监管有力的地方（阿肯色、丹佛、芝加哥、路易丝安那和密苏里），特许学校中学生的阅读和数学进步比传统学校要好很多。亚利桑那、佛罗里达、明尼苏达、新墨西哥、俄亥俄和得克萨斯州的特许学校得分很低，因为那里的特许学校成立之初筛查不严，以后也几乎没有严格的监管。[29]

有些特许学校在国家是连锁的，有些特许学校仅仅在某个地方单独存在。美国最大的特许学校组织是知识就是力量计划（KIPP）。当前，在 20 个州和哥伦比亚特区有 125 个 KIPP 学校，在校学生有 41 000 多名。KIPP 学生中的 87%来自于低收入家庭。KIPP 特许学校延长学生课堂时间、在校天数，要求每月周六上课和夏校的时间加倍。KIPP 计划的目标是通过严格的学习计划为学生在大学和人生中取得成功做准备。

学生、家长和教师签署学习保证书，强调他们在学习过程中结成伙伴关系。家长保证项中一般包括保证自己的孩子完全遵守 KIPP 学习安排和着装规定，同意每晚检查自己孩子的家庭作业，并且努力做到每晚与孩子共同读书。[30]

迈克尔·布隆伯格出任市长期间，纽约市开办了100多所特许学校，大多数设在低收入社区。2012年，通过抽签活动，在大约67 000名申请特许学校的学生中决定不足1 500个名额。这些申请人几乎都来自于非常贫困的非洲裔美国人和拉丁裔家庭。

值得注意的是，这些特许学校的学生数学成绩比整个纽约州还要稍好一点，高出7.2分，阅读成绩只落后3.6分。纽约州里的贫困孩子和少数族裔人口要少很多。这种情况表明以下论点不实，即相比公共教育体制中所取得的成绩，由于贫困的影响，学生的学业不可能会好很多。[31]

特许学校，如果有适当的监管，能够取得成功，这是因为当地的社区可以自由地按学生的需要而不是中央官僚机构的利益来打造学校。他们可以解雇能力弱的教师，按自己意愿使用资金，增加上学时间和年限，使用多样化课程和教学/指导方法，给教师发业绩奖，给学生更多鼓励措施，以及实施其他可行的战略。

布鲁金斯学院哈密尔顿项目出版的报告《特许学校的成功与失败经验》中，哈佛大学经济学教授罗兰·夫里叶称，学校体系可以通过实施以下五种做法而受益：

1. 更加强调教师的专业发展。

2. 运用学生数据使学习个性化。

3. 提供“高剂量”指导。

4. 延长上学时间和年限。

5. 促进所有学生制定高目标的文化。[32]

20年之后，要求增加成功特许学校的公众需求非常巨大。为什么？芝加哥市市长拉姆·伊曼纽尔对可能存在的原因给出了最好的总结：“学生的成功取决于用心的教师、强有力的校长和尽心的家长。”[33]

综合性职业学院

当前，开发学生学术知识与职业技能不再是各成体系、相互排斥的两个方面。21世纪就业的信息内容与劳动力市场持续高速变化，结束了以前两者的分化状态。

因此，选择不再是大学预科或者职业教育。但是，要改变教育人士的思维定式，让他们意识到未来就业和职业本质已经发生变化，了解适应新的就业和职业的有效的教育还是一项严重挑战。最近我遇见了一位高中学校的负责人，讨论了这个转轨问题。这位管理人员非常生气，最后冲我喊道："我献出了我整个职业生涯，就是要我的学生不去干那些职业教育中没有出路的工作。"

其他一些教育人士对于职业学院也持怀疑态度。在一次讨论会上，一位高中教师对我说："职业学院是要剥夺少数族裔或其他学生获得大学教育、进入中产阶级的机会。这是政治和企业阴谋，他们要接管教育，把它变成工厂学校，服务于他们自己的目的，而不是为了学生。"这位教师的观点是对我在全美国所观察到的有关职业院校的现实的否定。它也反映了这位教师自己的教育发展观，以及一代人对技术推动经济发展和职业现实发生变化所存在的偏见。

一些家长对我抱怨说，他们的孩子不需要那些数学、科学、历史、英语或写作技巧，更不用说职业培训。他们的意思是："就教他们学校有的东西，我们在美国需要更多好收入、低技能的工作。"我的答复："我们的世界发展了。就业和职业比你们年轻时有了变化。技术会使 21 世纪的生活更美好，但是没人能保证生活会更加容易，或者需要的技能更少。"

今天的现实是所有学生都必须为中学毕业后某种形式的教育做好准备——两年或四年大学学位、技术证书或学徒制。把 21 世纪所需的技能、职业和技术教育融入到整个教育体系（小学、中学、中学后、在职学习），将会使之变为现实。从幼儿园到高中教育各阶段所需要的指导是让每个学生为这种变化做好准备，而不需要通过中学毕业后的教育来补救。[34]

这也是文科、大学预科、职业学院，也就是上文中我们用一个更简单的术语所称的综合性职业学院（CCA）在美国高中学校中日益增多的主要原因。已经开办的 CCA 有 2 500 多所。许多是大高中学校里面的小型学区。有一些是独立的职业高中，属于医疗、信息技术和各种科学技术工程数学学科领域。它们将占主导的文科课程与专门实用的职业教育课程和实习经验混合在一起。以下是几个例子：

费城学院联合体。人们说需要是发明之母。就在 45 年以前，出现了第一个职业学院计划——费城学院联合体，它并不是一项宏大的试验，也不是由基金会拨款筹资的项目。1968年，费城陷入危机之中，种族暴动、经济停滞、遍地失业促使启用教育新制度，以重振未来的劳动大军。

企业和社会领袖联盟体集中精力处理高中辍学率居高不下的大问题。通过费城电气公司赞助，他们在爱迪生高中内设立了电气学院。开始时招收30名学生，承诺在他们毕业时能够安排他们就业。

现在，费城学院联合体作为一个地方人才创新网络，在多个学科开设了职业学院：生产工艺、城市教育、应用电气科学、生物技术、工商与技术、信息、酒店与餐饮管理、汽车技术、医疗和信息技术。大约6 500名学生在13所高中的24个职业校区上学。2012年，职业学院毕业率为84%，相比非学院学生毕业率为61%。

300多家企业加入到支持这些多种多样计划的行列之中。这些企业承担了所有计划资金的大约33%。基金会拨款大约占30%，剩余的35%由政府出资。职业学院的毕业生中90%会继续上大学或者进入职场。

作为美国的第一家职业学院，费城学院联合体是探索学院模式的先驱，而且还在继续。这种理念吸引美国各地的很多企业和社区参与到其中。[35]

高等研究技术中心——加利福尼亚圣华金。高等研究技术中心（CART）成立于2000年，是一所综合性职业学院，在专业科学、高等通信、全球经济学和工程等学科开办特种项目。来自克洛维斯和弗雷斯诺联合校区的1 300多名十一、十二年级的学生乘公共汽车来到CART，在那里上半天课，教师和企业人员在顶级实验室里授课。当前，支持CART的企业有格兰富水泵、德锐大学、社区医疗中心、环球生物制药研究公司等。CART大约95%的毕业生会继续上大学。[36]

纳什维尔联盟。纳什维尔联盟成立于2004年，是一个中介组织，正在解决社区战略目标中的大量问题。其中一项重点工作是在纳什维尔所有公立高中建立学院。220多家公司承诺要参与到这些计划中，目的是要提高学生的职业意识，并且改进文科教育。[37]

加州科切拉一流劳动力。科切拉山谷经济伙伴关系（CVEP）发起倡导的一项计划，是建立15所职业学院，招收棕榈泉、棕榈沙漠、拉昆塔和其他河滨县沙漠地区的大约2 500名高中生，这也是一个地区人才创新网络项目，旨在提升地区经济和劳动力水平。为开发创造一流劳动力所需要的资源，CVEP

正在与社区75个利益相关方进行合作，包括义务教育和大学教育机构、地方劳动力投资委员会、当地企业等。科切拉山谷地区大学和职业预备计划已经定下目标，要在5年之内至少招收2万高中生中的30%，参加职业或兴趣主题学院、职业通道或类似的项目。

当下的一流劳动力项目包括医疗，接待、休闲和旅游，艺术、媒体和娱乐，以及高等技术。为助力重建医疗职业的后备力量，该地区在小学就开始提供医疗职业尝试探索。中学毕业生医疗职业教育协调计划也得到了沙漠学院（当地社区大学）、加州州立大学圣贝纳迪诺分校、加州大学河滨分校医学院的支持。在另一个医师教育项目中，爱森豪威尔医疗中心为55个实行家庭医生和内部医疗的住宅区提供支持服务，目的是鼓励这些医生留在这一地区行医。[38]

综合性职业学院整体优势。综合性职业学院为更多年轻人提供了有关职业可能性和生活出路实实在在的信息。综合性职业学院将抽象概念与实验学习结合起来。操作课程和实习让他们有机会接触到更多领域，在平常情况下他们可能会回避这些领域或者根本一无所知。在一定的保护和指导下进入职场有助于提升青少年的工作积极性，因为他们能够在实际岗位上学到具体工作所需要的技能。综合性职业学院将推动关闭专门为高中辍学生开办的工厂。[39]

综合性职业学院让学生有机会将文科学习与职业准备计划密切结合起来，可以让更多年轻人进入大学学习，并且在整个成年职业生涯中不断学习进步。

学徒制教育

学徒制是技能培训项目，把带薪、有指导和在岗的学习与相关的课堂专业授课结合在一起。学徒制为学生提供一套高等技能，从而他们可以在专门的职业领域获得证书。这些项目可以由工会或企业赞助。2011年，39.8万人参加了在美国注册的学徒制教育计划。[40]

工会用人单位赞助了超过半数的注册学徒制计划。虽然美国学徒制的大多数是建筑业技能工种，但是，现在交通、通信和医疗部门的计划都在增加。在海外，许多国家将学徒制教育还扩展到白领技术领域。

工会帮助制订课程表，提供车间培训。他们的优势在于对工作地点和企业招聘网络方面具有的特定知识。虽然工会有意保护现有工人的利益，尤其是在经济出现下滑的时候，但是许多从事技能工种的工会成员即将达到退休年龄，这样工会学徒制项目在近期还会进一步扩大。

美国的企业赞助了学徒制教育的另一半。我们已经看到，德国、瑞士和奥地利公司在本国大力投资于双元学徒制。美国也在调整模式，适用当地市场。西门子在北卡罗来纳州夏洛特市燃气涡轮厂开始了一项学徒制计划。

为了改变学生的传统看法，这些计划邀请当地高中学生参观厂址。工厂培训经理帕梅拉·郝芝说："工厂里一切都是由计算机、机器人和激光来操作，大家可没想到制造业会是这样。"[41]她向学生、家长和当地的指导员解释说："他们上学有钱、在工厂（商店）工作（手把手培训）有钱、在社区大学（接受课堂教育）也拿钱。对于年轻人来说，这是很划算的事。"毕业之后，他们的工资比当地的平均工资要高出很多。[42]

大众公司在田纳西州查塔努加新开的汽车厂开设了类似的学徒制教育计划，但是那里学员的一般年龄在25～30岁之间。德国、日本和瑞士公司在美国许多地方也在尝试与当地的伙伴开展合作。[43]

位于弗吉尼亚州纽波特纽斯的学徒学校成立于1919年。现在，学校主要靠诺斯洛普格鲁曼造船厂支持，共开设了19个注册学徒制计划。有些计划是与当地社区大学合办的，能颁发大专学位。在四年制或五年制计划的全过程，诺斯洛普都给学徒按小时发工资，并提供全部福利。学生从学徒制计划毕业后每年基本工资能拿5万美元。[44]诺斯洛普在路易丝安纳州埃文代尔船厂也有一个为高中毕业生开办的学徒制计划。[45]

学徒制计划是中学毕业生职业教育的重要组成部分。完成通常为两年或三年的计划，其复杂程度当然堪比获取社区/技术学院两年制大专学位。因此，我们应将这一计划视为学徒制学院。这样就可以更明确说明他们具有的更高的教育价值以及技术技能培训的复杂性。

学徒制在美国劳动经济中运用不够。每个州都应该考虑新的立法和法制改革，鼓励在大学和成人教育层面增设学徒制计划。这就意味着增加企业、工会和教育机构开展合作的积极性，消除人为的立法壁垒，这些壁垒过去阻碍了开办和扩大这种重要的人才培养计划。

强化教学和学校领导教育

如果没有大量已经做好充分准备、能够开展精彩课堂教学的教师和具备有效领导能力的校长，我们需要的那些耀眼夺目的新学院就不可能存在。教师应该熟知自己的知识领域，并且能够熟练运用不同的教学方法。校长应该知道如何在教育环境中领导一个团队，深入到学生和家长中间，适应组织改革。校长自己应该是导师级的教师。[46]

麦肯锡公司研究了世界上 PISA 得分最高的十个学校，从而分析如何能够实现这些目标。韩国、芬兰和新加坡通过严格的筛选和加长的教育和培训过程，将社会上最聪明的人吸引到教学队伍中。这些国家从大学本科生中的前5%～30%招聘教师，然后送到严格并且质量很高的教师研究生教育计划。相比而言，美国大多数教师都是大学生中最差的 1/3。

好教师需要更多时间来练就。韩国、芬兰和新加坡的教师在获得研究生学位、完成很长的教学实习后才能开始新的教学工作。在芬兰，每个学校都有很多特殊的指导教师，他们发挥导师的作用。这些特殊的导师要多花一年时间，在大学学习各个指导办法，为他们承担这种专门的指导角色做准备。相比而言，美国的多数学生拿到包括参加短期学生教学计划的本科学位之后，就开始教书了。[47]

韩国、芬兰和新加坡为新入职的教师提供的薪水也很高，会先行支付他们工资，这样他们的收入与商学院毕业生的收入水平相当。反过来，所有这些因素都提升了教师职业在国家中的地位。[48]

在提升学生成绩的关键作用方面，出色的学校领导仅次于高质量的课堂教学。然而，美国开发校长的大部分内容都集中在让他们学习教育规则、法规和官僚制度，不是掌握人的管理或团队领导。太多的校长无法或者不愿意成为好的管人行家，不想掌握学习文化中的障碍，不会在当地通常充满敌意的文化氛围中不断努力提升自己。这是一大挑战。

在新加坡，领导能力测评中心会评估每个学校校长竞聘人的核心能力和个性。一旦测评通过，应聘人要在大学开始进行一项历时 6 个月的严格计划。在整个过程中，评估不断进行，很多人会被淘汰。计划结束的时候，只有一个应聘人在全面掌握校长领导才能之后才会被任命到学校去。这些校长受训成为教育专家和管人专家，这样他们能调动教师和学生的积极性，让学校成绩大大提升。[49]

在韩国、芬兰和新加坡，提高学生成绩源自于提升教师和校长能力的这些政策。集中表现在提高教师和学生积极性方面。[50]但是，好的教学和管理值得付出这些努力吗？

比尔和梅琳达·盖茨基金会发起了一项为期3年的研究，其目的是测评什么样的教学是有效的，因为几十年的研究表明，教师对学生学习影响最大。2013年的终极报告发现，有效的教师不仅提高了学生的考试分数，而且他们的学生在做高难度作业时，也表现得更好。[51]

哈佛和哥伦比亚大学的3名经济学家在2011年12月做的一项价值增值的研究发现，教师质量的差异对学生的影响是一生的。

这些经济学家发现，用一名好的小学教师替换一名差的小学教师，会“提高他所教班级学生一生收入的折现值，达267 000美元。”[52]如果乘上那名糟糕教师职业教学一辈子的时间会怎样？这是否有助于你更好反思教学质量差如何影响到美国整个社会和经济的未来发展方向？

结语

公共政策和教育的好消息是什么呢？我们并不需要其他的专家小组再来书写如何拯救美国教育制度的报告。我们已经有了许多好的解决办法。

教育公共政策危机涉及我们的文化。我们已经用尽了对现实体系进行改革的所有渐进办法。我们终于到了聆听温斯顿·丘吉尔预言的时候了：“美国总是行事正确，但都是在穷尽所有选择方案之后。”[53]现在，美国到了行事正确的时候了。

行动起来

在21世纪的第二个十年，美国劳动经济中的巨变要求政府政策做出重大调整。我们已经对要做出调整的地方提出了建议。各级政府机构需要与地区人才创新网络更好协调，重建我们的人才培养体系。

一个地区内有多个地区人才创新网络，它们会帮助各个州开发制定适合当地的教育和职业培训新使命、企业规章和税收政策，为技术日益高超的知识经济提供支撑。公共部门与地区人才创新网络结成伙伴关系，可以保证地方的教育政策更加全面地融入追求经济增长的大目标，实现以下目标：

＃1——实施更有效的义务教育学校投资政策，提升更多学生的阅读水平，文科、人文科学和职业教育的教育质量。

＃2——开发企业职业教育和培训投资计划，鼓励所有用人单位参与到在职学习。

＃3——建立人才培养制度，作为地区经济发展的重要组成部分、企业短期和长期业务的内在部分。

＃4——在家庭、企业、政府机构和整个社区构建尊重和促进教育、培训、更新技能和终生学习的文化。

大约 100 年以前，在一个真正的进步时代，大家勇敢地开拓出美国的第一个人才开发体系。美国成为历史上第一个把人才体系适用到每一个公民的国家。这种改革为大多数美国人带来了伟大的繁荣时代。

这个时代现在结束了。美国各地都出现了令人震惊的人才匮乏现象。我们需要的不只是渐进的变化。公私政策联盟会给我们更大胆的变革——从今天开始吧。

第 10 章
从人才悬崖坠落

人类历史日益变成了教育与灾难之间的竞赛。

——赫伯特·乔治·韦尔斯《世界史纲》(*The Outline of History*)

1983 年，罗纳德·里根总统的创一流教育国家委员会在《国家有危机：教育改革势在必行》报告中警告说，太多的美国人不具备能够让自己找到好工作的合适的技能。这份报告激起了很大的争论。许多人谴责报告是对教育制度的恶意攻击。然而，从那以后，每个白宫的主人差不多都声称自己是“教育总统”，发誓要解决席卷美国学校的越来越大的教育平庸问题。

过去 30 年，数不清的政府、企业、学术和智库报告、白皮书、调查和书籍都对这个问题进行了辩论，并提出了解决方案。同时，各级教育机构还额外花费了几千亿美元用于学校改革。

不幸的是，所有这些努力并没有解决美国的就业和技能危机。美国也因此被逼到了人才悬崖的边缘。我们就是没有足够多的技能人才。随着我们的高技术基础设施开始瓦解，美国的经济面临逐渐慢慢停顿下来的风险。

今天，我们社会的人才缺口已经到了拐点。如果我们要赢得这场技能之战，所有 50 个州都要齐心协力，采取共同的国家行动。不幸的是，当下美国的态度是为眼前利益而牺牲未来。短期主义是普遍文化，表现在促进政府开支按授权、企业重点放在季度报表等。“今天我就要”的态度损害了我们对未来几代人的责任感。

华尔街文化仍然专注于获取短期利润。因此，一旦一家公司的季度数据达不到预期要求，董事会就会害怕失去那些投资大佬。

过去，美国给许多人未来会更加美好的希望之光。几代移民来到这里，愿意牺牲自己，为他们的孩子实现美国梦。我们要重新强调美国文化中的这项重点内容。我们大家在各地都齐心协力，做出必要的牺牲，更好地教育孩子们，为所有劳动者提供培训，让他们在更加富庶的美国从事好工作，享有好未来。

结构革命

美国富国银行首席经济学家约翰·E. 西尔维亚提出以下问题："21 世纪是否存在给 20 世纪工人的工作?"对于太多的工人来说，失业日益变为结构性问题。尽管美国的失业率有所改善，但主要归功于美国劳动参与率大幅下降。他很不安地指出，这一现象在青壮年人（25～54 岁）中表现尤为明显，金融危机以来，这一群体的劳动参与率下降了 1.9 个百分点。导致下降的原因有：缺乏技能或者技能不匹配的工人受到打击而离开劳动力市场，婴儿潮一代提前大规模退休，领取残疾保险的工人数激增。不过，受过大学教育的工人失业率比没拿到高中文凭的工人的失业率要低得多。2009 年以来，这两组人员的平均差别在 10 个百分点。

对于千百万美国人来说，当前的制度无法给他们获得高收入工作的希望。继续教育费用高，平衡工作、学习和家庭生活难度大，许多工作入职收入水平低，所有这些因素让美国人从人才悬崖上掉下来。

世界在全球层面正面临新的人才问题，我们需要采用新的办法来应对当前各种经济挑战。正如哥伦比亚大学地球研究所主任杰弗里·萨克斯所言："新办法应该是长期的、结构性的，对技能和教育不平等有针对性，与可持续性技术需求相一致，并且适合人口需要。"

本书提出，地区人才创新网络正在开发新的领军人物，提出一些新办法来解决当前结构性就业危机。不幸的是，许多美国人还没有认识到当今经济和社会挑战的紧迫性。"我们的制度牢牢抓住渐进主义不放，"世界象棋冠军加里·卡斯帕罗夫在最近与贝宝创始人彼得·蒂尔合著的一篇文章中说，"下一代领导人和发明家要重新点燃冒险精神。真正的发明很难、很危险，但是生活不可能没有发明。"

劳动力 2020 及以后

除非现在就采取措施，为更多工人准备 21 世纪就业所需要的技能，否则，人们预测未来缺乏技能人才的问题将会更加恶化，这是由技能缺口和人口减少两方面的原因导致的。这些预测包括：

·麦肯锡全球研究所预测，2020 年世界范围内受过大学教育的工人缺口会到 4 000 万，而 9 500 万工人缺乏就业所需要的技能。此外，发展中国家将面临 4 500 万拥有中学和职业文凭的工人缺口。

·国际和平和发展中心预测，到 2020 年，美国将出现 1 700 万适龄劳动者的缺口。

·世界经济论坛警告说，由于婴儿潮退休和人才短缺，到 2030 年，美国将出现 2 500 万工人缺口，欧洲缺乏 4500 万工人。

到 2020 年，美国就业市场会出现严重且不均等的分割。75％的就业岗位要求有更高技能，提供更高工资，大约共需要 1.22 亿工人。5 500 万合格人员和另外 4 300 万半合格人员（如果另加培训）会从事这些工作（即总共 9 800 万工人）。

同时，只有 25％的就业岗位适合低技能工人，给的工资也更低，共需要 4 100 万工人。不过，6 400 万美国人只具备低技能。

到 2020 年，一些日积月累传递下来的教育缺陷将对劳动力质量产生重大负面影响：

·文化水平低的成年人有 7 300 万（年龄在 25～65 岁）。

·每年 100 万从高中辍学。

·义务教育阶段 60％以上学生的考试水平达不到或刚刚达到基础技能水平。

如果这些预测准确的话，那么 2020 年人才问题的基本情况会怎样？美国会出现 1 400 万～2 500 万技能人才缺口从事新增就业和岗位接替就业。波士顿咨询公司预测，2020—2030 年，美国在许多经济部门的人才缺口大，甚至非常大，这些部门包括信息技术、商业服务、医疗、公共管理、教育、金融服务、酒店餐饮、交通、通信、贸易、建筑、制造业、公共事业，以及其他一些行业。

“而且，对劳动力日趋激烈的竞争，将不出意外推高那些已经拥有就业技能的劳动者的工资水平，”经济学家/未来学家大卫·皮尔斯·斯耐德预测指出，“也会导致工资的通货膨胀，使许多专业、商务和客户服务的费用增加。”

2013—2020 年间，从人才悬崖坠落下来，在美国也会增加引发大量有害的社会经济变化的风险：

1. 由于缺乏关键人才，10％～20％的中小企业可能会关闭。

2. 随着人才短缺问题加剧，产品/服务质量可能会急剧下降。

3. 技术/专业服务可能会向消费者实施配额制。

4. 招不到人的高技能就业岗位可能会从美国转移到其他具有更强劲人才培养体系的国家。

5. 美国可能在信息技术、航空、生物科学、新材料和其他高技术工业中失去现有的主导地位。

6. 新技术突破可能越来越多地出现在美国之外。

7. 越来越多的美国人会受雇于外国企业，这些企业曾经为美国人所拥有。

8. 许多新增的中档就业岗位可能会逐渐消失。

9. 美国存在变成以下两大阶级社会的重大风险：

（1）专业人员、管理人员和技术员

（2）低技能、低收入人员

10. 美国生活标准会停滞或下降。

这种景象将摧毁整个经济，制造更大的贫困圈。除非我们到 2020 年已经建立起新的人才培养体系，开始改变上述状况，否则，极有可能发生波及整个美国的重大动荡。

地区人才创新网络——未来的希望

感觉要迎接新的一天不同于一起努力去创造新的一天。许多社区现在才开始意识到他们必须合作，共同设计自己未来的经济。保障社区经济可持续就意味着设计出能够真正发挥作用的体系：要投资于就业基数人群，对现有的劳动大军不断提供培训教育，更新他们的技能，同时改革长期体制，为学生提供更好的教育，让他们为从业于许多不同的职业或新出现的职业领域做好准备。

民间主动作为一直是美国文化的特征。企业主、教育人士、工人领导人、政府官员和社区群体与组织正在一起努力，形成地区人才创新网络。美国可以走出当前的就业危机，开创出机会更大的十年，只要大家愿意结成伙伴关系，倾心开发在21世纪全球经济中供职所需要的技能和教育。我们必须现在就开始行动，否则就太晚了。

在美国的许多城市、许多州，地区人才创新网络表明各个社区都已经开始重建自己的人才培养体系。这些地区性的体系正在搭建起来，以适应人才革命。这场革命正发生在从圣塔安那到北达科他到曼斯菲尔德到北卡罗来纳到其他许多地方。

在地方和地区层面，经济发展与人才开发已经结合在一起。各个社区开始意识到，要抓住信息技术、绿色能源、医疗、航空等带来的机会，仅仅靠降低税收或维持好的基础设施硬件还不够。如果他们没有开发技能人才储备，将技能人才与这些行业联系起来，他们也一无所有。经合组织的安德烈斯·施莱谢尔说："唯一的可持续方式，就是突破现有模式，给更多人知识和技能，让他们能够去竞争、合作和互联。"

我们已经看到，一些积极活跃的地区人才创新网络如何开始这一重建过程。现在的问题是，我们能够多快推广这种网络运动，为当前新的劳动力市场时代处理人才转轨问题。

地区人才创新网络为我们提供了一个为重建社区达成共识的办法，就是通过形成更加客观的系统解决办法来克服社会衰败。这种团队合作将带来文化变革，把各个伙伴关系的态度和期望值统一起来，让大家认清为了使本地区经济更健康哪些是可以做并且必须做的。

美国经济的两难境地是既要为结构性缺口出资，又要保持竞争力，私营部门的就业增长很关键。地区人才创新网络伙伴关系有助于介入到文化之战，创造出一种环境，让私营部门愿意冒险，公共社区也可以采取行动。

经济评论员大卫·威瑟尔给出以下建议："很明显，未来的繁荣依赖于美国——政府、企业、人民和大学——都联合起来，支持增长战略，创造激励机制，使得人才和资本流向美国在竞争日益激烈的全球经济中还有优势的朝阳行业。”

我预测，美国经济在经历这次人才危机痛苦转折后会回到健康的轨道上。随着新的人才体系来处理技术变革和社会弊病带来的动荡，就业革命和经济增长会持续下去。作为乐观主义者，我相信美国社会巨大的灵活性和能量会像在过去一样占据主导地位。我希望《未来如何工作》能够给社会各界的人以启发，在影响新就业与人才时代方面发挥积极作用。

附件一

职业分析计分卡

说明：运用以下量化分值，基于以下九个方面对你想获得那些正在加以考虑的职业的程度进行排名。

职业： ____________________

职业愿望计分表

优	非常好	好	一般	差
1	2	3	4	5

问题：

1. 适合你的个性和兴趣
2. 要求的教育最少
3. 当前/未来发展前景
4. 就业新增长量
5. 岗位接替性就业
6. 入职层级的工资
7. 工资中位数
8. 就业地理位置
9. 是否愿意为工作搬家

总分：

附件二

培训投资回报率

人力资本投资回报率工作表例子

一、理由

我们开发人力资本九步投资回报工作表模型，用来计算人力资本投资。为便于计算，我们制作了工作表，与Excel工作表兼容，任何财务经理都可以运行这样的计算。

我们相信，这份工作表可以让你精确预测大多数培训计划开展前与开展后的现金回报。这样做可以使任一企业更好地将培训作为一种企业业务来计算费用。每项资产都有代价。高层领导中许多人展望运用一种新政策，运用新资产解决优先问题，抓住优先机会。运用人力资本九步投资回报工作表这个更精确的测评系统，我们可以开始将培训和开发转化为新的资产——人力资本。

二、投资回报率输入数据

在开始计算投资回报率之前，你需要决定拟定的培训要达到怎样的经济效果，获得内部相关的一般性业务数据。必须回答以下问题：

1. 你设定要改进的员工业绩在哪些领域，并且要对之进行投资回报率测评？你可以将财务测评围绕企业生产率的四个基本问题：质量（返工）、时间、费用和产量。

你必须十分小心，将生产率问题与涉及技能、培训或教育的改进业绩计划对应好。很多时候，企业误用培训计划解决与组织结构、技术运用或个人领导能力相关的问题。管理层对这些领域先期进行好的分析，有助于更好对应于管理层咨询或指导等领域，而不是促进业绩的学习方面。

2. 生产率的目标是什么？技能、培训或教育计划提供商（内部或外部）应该给你他们就特定计划对生产率问题产生的影响的最佳预计值。提供商应该具备丰富的先期经验，向你提供这一预计值，或者可以用试点项目找出来。

并不是所有技能、培训或教育计划都是相同的。有些计划的结果肯定比其他要更好。进行人力资本回报率数字运算的总体意图就是要找出哪个计划方案让你的资金收益最佳。这种做法对你的企业很有利，因为它迫使教育提供商为你使出最大劲，更好地将你的投资资本运用到最现实的解决办法中。

3. 受训人员要从目前工作中（按设定的生产率领域）创造出的总收入是多少？

4. 在受训领域将工作外包价值如何？（公司替换某些生产要花多少钱？）

5. 所有参加培训的员工在单位的工作时间总量是多少？

6. 公司或企业部门销售的利润幅度是多大？

7. 有多少时间在参加培训（只计工作时间）？

8. 有多少员工参加培训？

9. 员工参加培训期间生产率如何（百分比）？如果培训计为员工个人时间，比率为100％。如果全部计为公司时间，比率为0％。

三、成功九步

一旦你在自己的组织内就这些信息达成一致意见，财务人员就可以针对每个计划方案进行投资回报率的计算。他们要遵从的是人力资本投资回报率工作表中的九个步骤。

（你可在以下网址免费下载工作表：

http://www.imperialcorp.com/humanCapital.html.）

第1步：每个受训员的培训费用是多少（不包括受训员工资）？

把所有与培训计划相关的直接费用都计算进去。包括培训材料（软件、书籍和考试）费、会议费、培训员报酬、咨询费、差旅费、餐饮费、住宿费、远程学习系统开支占比、计算机硬件设备花费。

第 2 步：受训员在参加培训时耽误的生产率是多少？

这是一项重要计算，不用计算受训员的工资损失，这是因为如果培训计入公司时间，生产率的损失应该比员工工资损失大很多。

第 3 步：培训计划费用是多少？

将第 1 步与第 2 步加起来。

第 4 步：培训的生产率收益是多少？

投资回报率对培训的生产率影响预测数很敏感。在这里，你要预测每位受训员每小时、每周或每月的预期生产率收益。我们使用从运用对比培训小组到使用线性回归公式几种不同的方法来计算。

第 5 步：从培训中获得（培训后）的质量收益是什么？

第 6 步：从培训中获得的一生的质量收益是什么？

这取决于裁定培训收益会持续多久（考虑员工的流动性、制造商更新工具的日程，以及其他因素），用折现率公式可以预测培训效果的持续时间。

第 7 步：每个受训员的收益是多少？

第 8 步：整个培训计划的收益是多少？

第 9 步：人力资本的投资回报率是多少？

注　释

导言

1. David Pratt, comp., *The Impossible Takes a Little Longer: The 1,000 Wisest Things Ever Said by Nobel Prize Laureates* (New York: Walker & Company, 2007), 39.

2. Matt Ridley, "A Key Lesson of Adulthood: The Need to Unlearn," *Wall Street Journal*, February 5, 2011, http://online.wsj.com/article/.

3. "Economic Focus, Marathon Machine," *The Economist*, November 19, 2011, 84.

4. "Global Talent Risk—Seven Responses," World Economic Forum, 2011, 35, http://www3.weforum.org/docs/PS_WEF_GlobalTalentRisk_Report_2011.pdf.

5. Jeffrey Sachs, "Death by Strangling: The Demise of State Spending," *Financial Times*, December 16, 2011, 11; James Manyika, Susan Lund, Byron Auguste, Lenny Mendonca, Tim Welsh, and Sreenivas Ramaswamy, "An Economy That Works: Job Creation and America's Future," McKinsey Global Institute, June 2011, 60, http://www.mckinsey.com/insights/mgi/research/labor_markets/an_economy_that_works_for_us_job_creation.

6. John L. Petersen, "A New End, a New Beginning," in *Innovation and Creativity in a Complex World*, ed. Cynthia G. Wagner (Bethesda, MD: World Future Society, 2009), 427.

第 1 章

1. George Seldes, ed., *The Great Quotations* (New York: Pocket Books, 1968), 989.

2. C. Brett Lockard and Michael Wolf, "Occupational Employment Projections to 2020,"*Monthly Labor Review* 135, no. 1 (2012): 84–108; Anthony P. Carnevale, Nicole Smith, and Michelle Melton, "STEM," Georgetown University Center on Education and the Workforce, October 2011, 21–22, http://cew.georgetown.edu/stem; "A Rising Role for IT: McKinsey Global Survey Results," *McKinsey Quarterly*, December 2011, https://www.mckinseyquarterly.com/PDFDownload.aspx?ar=2900; Kyle Stock, "The Best Technology Jobs outside Tech Companies," *Fins Technology*, June 14, 2011, http://it-jobs.fins.com/Articles/SB130633935414018881/The-Best-Technology-Jobs-Outside-Tech-Companies (accessed August 30, 2012); Jon Hilsenrath and Sara Murray, "Foreign Shocks Temper America's Export-Led Rebound," *Wall Street Journal*, March 28, 2011, A2; Martin Feldstein, "A Falling Dollar Will Mean a Faster U.S. Recovery," *Wall Street Journal*, August 1, 2011, A13.

3. "The Ongoing Impact of the Recession Series," *SHRM*, http://www.shrm.org/Research/SurveyFindings/ (accessed August 15, 2012); Ann Fisher, "10 Hot Careers for

2012—and Beyond," *CNN Money*, December 27, 2011, http://management.fortune.cnn.com/2011/12/27/10-hot-careers-for-2012-and-beyond/.

4. Anthony P. Carnevale, Tamara Jayasundera, and Ban Cheah, "The College Advantage: Weathering the Economic Storm," Georgetown University Center on Education and the Workforce, August 15, 2012, 1–5, http://cew.georgetown.edu/collegeadvantage.

5. Laurence Shatkin, "Looking for a STEM Career? Try These Top Five Jobs," *JIST Publishing*, February 28, 2012, http://jist.emcpublishingllc.com/page-jist/looking-for-a-stem-career-try-these-top-five-jobs/; Keith Cline, "The 5 Hardest Jobs to Fill in 2012," Inc.com, December 19, 2011, http://www.inc.com/keith-cline/talent-shortages-in-2012.html; Claire Bradley, "7 Jobs Companies Are Desperate to Fill," *Yahoo Finance*, September 1, 2010, http://finance.yahoo.com/news/pf_article_110533.html; Joseph Walker, "What 'Big Data' Means for Your Career," *FINS Morning Coffee*, February 13, 2012, http://it-jobs.fins.com/Articles/SB0001424052970204795304577220952801376194/What-Big-Data-Means-for-Your-Career; Greg Lamm, "Average Greater Seattle Area Tech Salary Now Tops $90,000 a Year," *Puget Sound Business Journal*, January 2, 2012, http://www.bizjournals.com/seattle/blog/techflash/2012/01/seattle-tech-workers-averaged-5-raise.html; John Bedecarre and Scott Olster, "Fastest Growing Jobs in America," *CNN Money*, September 3, 2010, http://money.cnn.com/galleries/2102/pf/1009/gallery.jobs_future.fortune/index.html; Tapan Munroe, *Innovation: Key to America's Prosperity and Job Growth* (North Charleston, SC: CreateSpace, 2012), 135–138.

第2章

1. Peggy Anderson, ed., *Great Quotes from Great Leaders* (Lombard, IL: Celebrating Excellence Publishing, 1990), 104.

2. Bonnie Miller, "For Young Adults, Future Interrupted," *Chicago Tribune*, July 15, 2012, 1, 13; Don Peck, *Pinched: How the Great Recession Has Narrowed Our Futures and What We Can Do about It* (New York: Crown Publishers, 2011), 70; Diane Stafford, "Historically Tough Market Takes High Toll on Teen Jobs," *Chicago Tribune*, July 2, 2012, 6; Catherine Rampell, "More Young Americans out of High School Are Also out of Work," *New York Times*, June 6, 2012, B1, B6; Nathaniel Penn, "Hello, Cruel World," *New York Times Magazine*, March 25, 2012, 45; Manuel Valdes, Travis Loller, Cristina Silva, and Sandra Chereb, "Half of New College Grads Remain Jobless or Unemployed," PJStar.com, last modified April 22, 2012, http://www.pjstar.com/free/x1364623101/Half-of-new-college-grads-are-currently-jobless-or-underemployed.

3. E.S. Browning, "Oldest Baby Boomers Face Jobs Bust," *Wall Street Journal*, December 12, 2011, A1, A16; Emy Sok, "Record Unemployment among Older Workers Does Not Keep Them out of the Job Market," *Issues in Labor Statistics*, March 2010, http://bls.gov/opub/ils/summary_10_04/older_workers.htm.

4. Andrea Coombes, "For Older Workers, Here Is Where the Jobs Will Be," *Wall Street Journal*, October 22, 2012, R4.

5. "Transitioning into Retirement: The MetLife Study of Baby Boomers at 65," April 2012, 5, https://www.metlife.com/research/transitioning-retirement.html.

6. Chardie L. Baird, Stephanie W. Burge, and John R. Reynolds, "Absurdly Ambitious? Teenagers Expectations for the Future and the Realities of Social Structure," *Sociology Compass* 2, no. 3 (2008): 947.

7. Edward E. Gordon, "Future Jobs for Gen Y: Career Planning Is Vital (What Questions to Ask)," *Encyclopaedia Britannica Blog*, May 27, 2010, http://www.britannica.com/

blogs/2010/05/future-jobs-for-gen-y-career-planning-is-vital-what-questions-to-ask; Nicholas Lore, *The Pathfinder, How to Choose or Change Your Career for a Lifetime of Satisfaction and Success* (New York: Touchstone-Simon and Schuster, 2011), 22, 229.

8. Quoted in Evans Clinchy, "Who Is out of Step with Whom?" *Education Week*, February 4, 1998, 48.

9. 《美国职业前景》对兴趣档案类别的解释如下：

现实型：具有现实型兴趣的人喜爱就业活动中包括需要动手解决的实际问题以及去解决这些问题。他们喜欢与植物、动物和诸如木材、工具和机械这样的实物材料打交道。他们喜欢户外工作。具有现实型兴趣的人通常不喜欢主要做案头的工作或者与他们密切合作的工作。企业型：具有企业型兴趣的人喜欢就业活动中涉及创办和执行项目，尤其是开办企业。他们喜欢说服人、领导人，喜欢做决策。他们喜欢为获利而冒风险。这些人热衷于行动，而不是思考。调查型：具有调查型兴趣的人在工作中更青睐创意和思考，而不是身体力行的行动。他们喜欢寻根问底，通过大脑解决问题，而不是去说服别人或领导别人。艺术型：具有艺术型兴趣的人喜欢就业活动中涉及事物的艺术方面，比如图形、设计和模式。工作中他们喜欢自我表达。他们喜欢在不用遵从明确规则的环境中工作。社会型：具有社会型兴趣的人喜欢在就业活动中去帮助别人、提高学识和个人发展。比起和实物、机构或数据打交道，他们更喜欢沟通交流。他们喜欢教学、提供咨询、帮助别人，或者以其他方式服务于人。传统型：具有传统型兴趣的人喜欢在就业活动中遵从确定的程序和路径。相比创意，他们更喜欢与数据和细节打交道。他们喜欢权力分界清晰的工作。

职业信息另外一个重要来源是美国劳工部每年出版的《职业前景手册》。

10. Richard Perez-Pena, "Benefits of College Degree in Recession Are Outlined," *New York Times*, January 10, 2013, A15.

11. U.S. Census Bureau, "What It's Worth: Field of Training and Economic Status in 2009," February 2012, 2.

12. U.S. Census Bureau, "*What It's Worth*," 1–13; Marjorie Connelly, Marina Stefan, and Andrea Kayda, "Is It Worth It?" *New Times Education Life*, July 22, 2012, 31; Anthony P. Carnevale, Ben Cheah, and Jeff Strohl, "Hard Times," Georgetown University Center on Education and the Workforce, January 4, 2012, 5, http://cew.georgetown.edu/unemployment.

13. Quoted in Reeve Hamilton, "Efforts Are under Way to Tie College to Job Needs," *New York Times*, January 12, 2012, http://www.nytimes.com/2012/01/13/.

14. Quoted in Adam Rodewald, "More College Grads Return for a Technical Education," *Northwestern* (Oshkosh, WI), May 12, 2012, C10.

15. Hannah Seligson, "The Jobless Young Find Their Voice," *New York Times*, May 6, 2012, 1, 6.

16. Vivek Wadhwa, "Silicon Valley Needs Humanities Students," *Washington Post*, May 17, 2012, http://www.washingtonpost.com/national/on-innovations/.

17. Rex W. Huppke, "Seeking Job That's a Calling Can Be Hang-Up," *Chicago Tribune*, May 28, 2012, 1, 5; David Brooks, "The Service Patch," *New York Times*, May 25, 2012, A25.

18. Lauren Weber, "Colleges Get Career-Minded," *Wall Street Journal*, May 22, 2012, A3; The website internships.com offers over 50,000 internships from more than 20,000 organizations located in almost 8,000 cities across all 50 states of America. Some are paid. Companies offer both full-time and part-time internships. Some internships can also include college credit.

第3章

1. Ashok Divakaran, Matt Mani, and Laird Post, "Building a Global Talent Pipeline: Finding, Developing and Retaining Tomorrow's Manufacturing Workforce," Booz & Company, June 11, 2012, http://www.booz.com/global/home/what_we_think/reports_and_white_papers/ic-display/50643956.

2. Mortimer Zuckerman, "Unemployment is Still the Biggest Election Issue," *Wall Street Journal*, July 24, 2012, A15.

3. William Poundstone, "Unleashing the Power," review of *Turing's Cathedral: The Origins of the Digital Universe* by George Dyson, *New York Times* (Sunday Book Review), May 6, 2012, 21.

4. Gordon, *Winning the Global Talent Showdown*, 9.

5. Quoted in Alejandra Cancino, "Education Concerns Business Leaders," *Chicago Tribune*, August 10, 2012, 1.

6. "Global Manufacturing Outlook 2012: Fostering Growth through Innovation," KPMG Research Report, KMPG International Corporation, June 4, 2012, 3.

7. Michael S. Malone, "The Sources of the Next American Boom," *Wall Street Journal*, July 6, 2012, A13; Mark P. Mills and Julio M. Ottino, "The Coming Tech-Led Boom," *Wall Street Journal*, January 30, 2012, A15; "Tanks in the Cloud," *The Economist*, January 2, 2011, 49–50; Sruthi Ramakrishnan and Neha Alawadhi, "A Printer on the Make," *Chicago Tribune*, September 28, 2012, 3; James R. Hagerty and Mike Imada, "A New Face for Robotic Factory Workers," *Wall Street Journal*, May 31, 2012, B4; Timothy Hay, "The Robots Are Coming to Hospitals," *Wall Street Journal*, March 15, 2012, B12.

8. "Transitioning into Retirement: The MetLife Study of Baby Boomers at 65," 1–23; Monica Davey, "Many Workers in Public Service Retiring Sooner," *New York Times*, December 6, 2011, A1, A18; Joshua M. Fanzel and Paul J. Yakoboski, "2012 Retirement Confidence Survey of the State and Local Government Workforce," Center for State and Local Government Excellence and TIAA-CREF Institute, July 2012, 1–5; David Brauer, "CBO's Labor Force Projections through 2021," Congressional Budget Office, March 22, 2011, 3, http://www.cbo.gov/publication/22011; Floyd Norris, "The Number of Those Working Past 65 Is at a Record High," *New York Times*, May 19, 2012, B3.

9. Quoted in Alicia Clegg, "How to Help the Aged at Work," *Financial Times*, July 26, 2012, 10.

10. Robert I. Lerman, "Are Skills the Problem?," in A *Future of Good Jobs? America's Challenge in the Global Economy*, ed. Timothy J. Bartik and Susan N. Houseman (Kalamazoo, MI: W.E. Upjohn Institute for Employment Research, 2008), 29.

11. Anthony P. Carnevale, Nicole Smith, and Jeff Strohl, "Help Wanted: Projections of Jobs and Education Requirements through 2018," Center on Education and the Workforce, Georgetown University, 2010, 1–5, http://cew.georgetown.edu/jobs2018; Anthony P. Carnevale and Stephen J. Rose, "The Undereducated American," Center on Education and the Workforce, Georgetown University, 2011, 1, 10.http://cew.georgetown.edu/undereducated/.

12. David Neumark, Hans P. Johnson, and Marisol Cuellar Mejia, "Future Skill Shortages in the U.S. Economy?" National Bureau of Economic Research, NBER Working Paper No. 17213, 2011, 1–5, http://www.nber.org/papers/w17213.

13. Barbara Kiviat, "The Big Jobs Myth: American Workers Aren't Ready for American Jobs," *The Atlantic*, July 25, 2012, http://www.theatlantic.com/business/archive/2012/07/the-big-jobs-myth-american-workers-arent-ready-for-american-jobs/260169; R. Jason Faberman and Bhashkar Mazumder, "Is There a Skills Mismatch in the Labor Market?" *Chicago Fed Letter*, No. 300, July 2012, 1–4.

14. Carnevale, "The College Advantage," 5; David Hogberg, "Obama Approval on Economy Not Fine, as Job Woes Grow," *Investor's Business Daily*, June 12, 2012, A1.

15. John E. Silvia, "Government Spending: Three Faces of Change," *Wells Fargo Economics Group Newsletter*, March 7, 2013, 4.

16. Ben Casselman, "Help Wanted: In Unexpected Finish, Some Skilled Jobs Go Begging," *Wall Street Journal*, November 26, 2011, A1; Robert J. Samuelson, "The Great Jobs Mismatch," *Washington Post*, June 19, 2011, http://www.washingtonpost.com/opinions/.

17. Manyika et al., "An Economy that Works," 77; "Companies Worldwide Struggle to Attract and Retain Critical-Skill and High-Potential Employees, Towers Watson Survey Finds," Towers Watson, September 19, 2012, http://www.towerswatson.com/press/8012.

18. "Leading Indicators of National Employment Reports," Society for Human Resource Management (SHRM), January 2010–April 2012.

19. Jennifer Schramm, "A Growing Divide," *HR Magazine*, October 2011, 120.

20. "Risk Index 2011: Economist Intelligence Unit Executive Summary," Lloyd's of London, 8, http://www.lloyds.com/news-and-insight/risk-insight/lloyds-risk-index (accessed October 29, 2012).

21. "Global Talent Shortage Worries Multinationals," Metlife Press Releases, June 1, 2012, http://www.metlife.com/about/press-room/us-press-releases/index.html?compID=82451.

22. "Global Talent Risk—Seven Reponses, 7; Daniel Schafer, "Bosch Set to Expand Workforce by 16,500," *Financial Times*, January 27, 2011, 18; Rick Miner, "People without Jobs—Jobs without People: Canada's Labour Market Future," ABC Life Literacy Canada, March 2010, 18, http://abclifeliteracy.ca/files/People-without-jobs-Canada.pdf.

23. Manpower Group, "'Manufacturing' Talent for the Human Age," May 2011, 2, www.experis.in/Whitepaper/2011_ManufacturingTalent.pdf.

24. Manpower Group, "2012 Talent Shortage Survey Research Results," 1,10, www.manpowergroup.us/campaigns/talent-shortage-2012/.

25. Manpower Group, "Break the Crisis and Complacency Cycle and Build the Right Workforce," May 29, 2012, 2012, http://www.manpowergroup.com/investors/releasedetail.cfm?releaseid=677538 (accessed October 29).

26. Monica Mourshed, Diana Farrell, and Dominic Barton, "Education to Employment: Designing a System that Works," McKinsey & Company, December 2012, 18, http://mckinseyonsociety.com/Education-to-Employment/Report/.

27. "Young Adults Give Low Marks to High Schools," *Education Week*, April 27, 2011, 12.

28. Quoted in Alejandra Cancino, "Education Concerns Business Leaders," *Chicago Tribune*, August 10, 2012, 1.

29. Quoted in Jim Redden, "Intel Warns Business Alliance: State Must Value Education," *Portland Tribune*, April 18, 2011, http://portlandtribune.com/pt/9-news/5474-intel-warn-business-alliance-state-must-value-education.

30. "BHEF to Help Launch Business and Industry STEM Education Coalition," Business–Higher Education Forum, March 5, 2010, http://www.bhef.com/news/news

releases/2010/BISEC.asp.

31. Quoted in Cancino, "Education Concerns Business Leaders," 1.

32. David Langdon, George McKittrick, David Beede, Beethika Khan, and Mark Doms, "STEM: Good Jobs Now and for the Future," (Executive Summary). U.S. Department of Commerce, Economics and Statistics Administration, ESA Issue Brief #03–11, July 2011, 1–10.

33. Anthony P. Carnevale, Nicole Smith, and Michelle Melton, "STEM: Executive Summary," Georgetown University Center on Education and the Workforce, October, 2011, 5, http://cew.georgetown.edu/stem/.

34. Christopher J. Gearon, "Jobs in Health Care on the Rise," *Chicago Tribune Business*, May 30, 2011, 21; Sarah Mann, "Addressing the Physician Shortage under Reform," Association of American Medical Colleges Reporter, April 2011, http://www.aamc.org/newsroom/reporter/april11/184178/addressing_the-physician_shortage_under_reform.html; Darrell G. Kirch, "How to Fix the Doctor Shortage," *Wall Street Journal*, January 5, 2010, A17; Suzanne Sataline and Shirley S. Wang, "Medical Schools Can't Keep Up," *Wall Street Journal*, April 13, 2010, A3; Anemona Hartocollis, "After Years of Quiet, Expecting a Surge in U.S. Medical Schools," *New York Times*, February 15, 2010, A1, A13; Annie Lawrey and Robert Pear, "Doctor Shortage Likely to Worsen with Health Law," *New York Times*, July 20, 2012, A1, A20.

35. "Nursing Shortage Fact Sheet, American Association of Colleges of Nursing," Updated August 6, 2012, http://www.aacn.nche.edu/media-relations/fact-sheets/nursing-shortage; "More Young People Are Becoming Nurses," *Rand News Report*, December 5, 2011, http://www.rand.org/news/press/2011/12/05.html.

36. Kevin Murphy, "Kansas Trying to Fill Gaping Shortage," *Chicago Tribune*, May 2, 2012, 14; "Shortage Designation: Health Professional Shortage Area & Medically Underserved Areas/Populations," HRSA Health Professions, http://bhpr.hrsa.gov/shortage/ (accessed October 29, 2012); "Millions in U.S. Lack Access to Dentists," WebMD, July 13, 2011, http://www.webmd.com/oral-health/news/20110713/millions-in-us-lack-access-to-dentists.

37. Joseph Walker, "How Google Finds New Recruits," Fins IT Jobs, June 3, 2011, http://it-jobs.fins.com/Articles/SB130642885529019387/How-Google-Finds-New-Recruits; Jessica Gwynn, "High-Tech Industry on Hiring Binge in California: Google, Facebook and Zynga Lead the Pack," *Los Angeles Times* (Business), March 25, 2011, 1; Thomas L. Friedman, "Do You Want the Good News First?" *New York Times* (Sunday Review), May 20, 2012, 1, 7; Brad Smith, "How to Reduce America's Talent Deficit," *Wall Street Journal*, October 19, 2012, A13.

38. "They're Hiring!" *CNN Money*, August 1, 2011, http://money.cnn.com/galleries/2011/fortune/1105/gallery.fortune500_most_hiring.fortune/13.html; Justin Lahart and James R. Hagerty, "Where Have America's Jobs Gone?" *Wall Street Journal*, July 12, 2011, B1.

39. Paul McDougall, "Microsoft IT Hiring Problems Bogus, Say Programmers," Information Week, August 4, 2011, http://www.informationweek.com/windows/microsoft-news/microsoft-it-hiring-problems-bogus-say-p/231300189; Jamie Eckle, "Career Watch: Misleading Government Stats on IT Employment," *Computerworld*, April 18, 2011, http://www.computerworld.com/s/article/355798/Career_Watch_Misleading_government_stats_on_IT-employment; Patrick Thibodeau, "Gartner Upbeat on Big Data Jobs," *Computerworld*, November 5, 2012, http://www.computerworld.com/s/article/9233216/Gartner_upbeat_on_big_data_jobs.

40. Christopher Drew, "Deliveries Up, Boeing Beats Forecast of Analysts," *New York Times*, July 26, 2012, B3.

41. Quoted in Hal Weitzman, "Concern as Baby-Boomers Prepare for Retirement," *Financial Times*, March 1, 2010, 21.

42. Quoted in Hal Weitzman, "Aging Workforce Creates Skills Shortages for US Manufacturers," *Financial Times*, March 1, 2010, 17.

43. Jeremy Lemer, "Manufacturing Backlog Set to Hamper Airlines' Plans to Re-Fleet," *Financial Times*, July 18, 2011, 18.

44. Edward E. Gordon, *Skill Wars: Winning the Battle for Productivity and Profit* (Boston, MA: Butterworth-Heinemann, 2000), 213–214.

45. Quoted in Jeremy Lemer, "Boeing 787 Risks Further Setbacks," *Financial Times*, November 13–14, 2010, 9.

46. Hal Weitzman, "US Skills Gap Set to Worsen with Passing of 'Baby Boomers,'" *Financial Times*, September 9, 2011, 17.

47. Quoted in Ed Crooks, "Riveting Prospects," *Financial Times*, January 7, 2011, 7.

48. "The Future of Manufacturing Opportunities to Drive Economic Growth," World Economic Forum, Deloitte Touche Tohmatsu Limited, April 2012, 4.

49. "Make: An American Manufacturing Movement," Council on Competitiveness, December 2011, 8, 9, http://www.compete.org/publications/detail/2064/make/; James R. Hagerty, "Help Wanted on Factory Floor," *Wall Street Journal*, May 6, 2011, A1, A12.

50. Adam Davidson, "Empire of the In-Between," *New York Times Magazine*, November 4, 2012, 32.

51. "Workforce Trends: Tools for Taking Control of Today's Skilled Labor Shortage," Advanced Technology Services (ATS), April 2011, 9, http://www2advancedtech.com/Portals/180468/docs/Workforce%20Trends_LR_994.pdf.

52. Joyce Gioia, "Growing Global Demand for Engineers," Herman Trend Alert, December 5, 2012, http://www.hermangroup.com/alert/archives_12–5-2012.html.

53. Tom Morrison, Bob Maciejewski, Craig Giffi, Emily Stover DeRocco, Jennifer McNelly, and Gardner Carrick, "Boiling Point? The Skills Gap in U.S. Manufacturing," Deloitte and the Manufacturing Institute, October 2011, 2, http://www.themanufacturinginstitute.org/Research/Skills-Gap-in-Manufacturing/2011-Skills-Gap-Report/2011-Skills-Gap-Report.aspx.

54. "Skills Gap in U.S. Manufacturing Is Less Pervasive Than Many Believe," Boston Consulting Group, October 14, 2012, http://www.bcg.com/media/PressReleaseDetails.aspx?id=tcm:12–118945.

55. Paul Davidson, "Tool and Die Makers Desperately Casting for Workers," *USA Today*, April 17, 2012, http://usatoday30.usatoday.com/money/economy/story/2012–04–12/economic-recovery-manufacturing-revival/54365676/1; Linda Hall and Bobby Warren, "Scarcity of Skilled Labor: Area Manufacturers Have Difficulty Filling Positions," *Daily Record* (Wooster, OH), July 29, 2012, http://www.the-daily-record.com/local%20news/2012/07/29; Author interview with Dan Phillip, Executive Director of Transformation Network, Ashland, OH, August, 2012.

56. Adam Davidson, "Skills Don't Pay the Bills, *New York Times Magazine*, November 25, 2010, 16.

57. Emily Maltby and Sarah E. Needleman, "Small Firms Seek Skilled Workers but

Can't Find Any," *Wall Street Journal*, July 26, 2012, B1.

58. Quoted in Timothy R. Homan, "Workers Lacking Skills Hinder More Factory Gains: Economy," *Bloomberg*, May 14, 2012, http://www.bloomberg.com/news/2012–05–14/workers-lacking-skills-hinder-more-u-s-factory-gains-economy.html.

59. "Workforce Trends," 7.

60. Harold L. Sirkin, Michael Zinser, Douglas Hohner, and Justin Rose, "U.S. Manufacturing Nears the Tipping Point," The Boston Consulting Group, March 2012, 12, http://www.bcgperspectives.com/Images/BCG_US_Manufacturing_Nears_the_Tipping_Point_Mar_2012_tcm80–100657.pdf; Harold L. Sirkin, Michael Zinser, and Douglas Hohner, "Made in America, Again," The Boston Consulting Group, August 2011, 3–14, http://www.bcg.com/documents/file84771.pdf.

61. Author Interview with Harry C. Moser, President, Reshoring Initiatives, August 10, 2012; Elizabeth G. Olson, "Banging the Drum to Bring Jobs Back Home," *CNN Money*, July 22, 2011, http://finance.fortune.cnn.com/2011/07/22/banging-the-drum-to-bring-jobs-back-home/.

62. Cancino, "Education Concerns Business Leaders.," 1.

63. John Ferreira and Mike Heilala, "Manufacturing's Secret Shift: Gaining Competitive Advantage by Getting Closer to the Customer," Accenture, 2011, http://www.accenture.com/SiteCollectionDocuments/PDF/Accenture_Manufacturings_Secret_Shift.pdf.

64. James R. Hagerty, "Some Firms Opt to Bring Manufacturing Back to U.S.," *Wall Street Journal*, July 18, 2012, B8.

65. "Reshoring of Some Chinese Manufacturing Jobs Becoming Likely as Cost Gap is Expected to Shrink to Just 16 Percent Next Year," The Hackett Group, May 24, 2012, http://www.thehackettgroup.com/about/research-alerts-press-releases/2012/05242012-reshoring-some-chinese-manufacturing-jobs.jsp.

66. Quoted in Edward Luce, "Why the US Is Looking to Germany for Answers," *Financial Times*, April 15, 2013, 11.

第4章

1. Quoted in "Mr. Segway's Difficult Path," *The Economist*, June 10, 2010, www.economist.com/node/1695592.

2. Sam Leith, "Science Friction," *Financial Times* (Life and Arts), May 9–10, 2009, 1.

3. Brian L. Yoder, "Engineering by the Numbers," American Society for Engineering Education, http://www.asee/papers-and-publications/publications/college-profiles/2011-profile-engineering-statistics.pdf (accessed October 30, 2012); "Women and Information Technology by the Numbers," National Center for Women and Information Technology, http://ncwit.org/sites/default/files/legacy/pdf/BytheNumbers09.pdf (accessed October 30, 2010); David Beede, Tiffany Julian, David Langdon, George McKittrick, Beethika Khan, and Mark Doms, "Women in STEM: A Gender Gap to Innovation, Economics and Statistics Administration, August 3, 2011, http://www.esa.doc.gov/Reports/women-stem-gender-gap-innovation.

4. Quoted in Maija Palmer, "'Geeky' World of IT Loses Its Appeal as a Career Choice," *Financial Times*, July 6, 2011, 6.

5. Quoted in Richard Waters, "Enthusiasts Experiment on Turning Teenagers into Scientists," *Financial Times*, December 14, 2011, 6.

6. Kenneth B. Hoyt, *Career Education: History and Future* (Tulsa, OK: National Career Development Association, 2005), 148–149; Robert Reich, "General Motors Holds a Mirror Up to America," *Financial Times*, June 1, 2009, 7; Matt McGrath, "Boomers in IT: Will the Talent Shortage Affect Techies?," *Certification Magazine*, March 2008, http://www.certmag.com/read.php?in=3336.

7. Nathan Koppel, "Law School Loses Its Allure as Jobs at Firms Are Scarce," *Wall Street Journal*, March 17, 2011, A4.

8. Marissa Garff, "Focusing on Talent Trends," *T & D* (American Society for Training and Development), March 20, 2012, 18; Alice Kwan, Jeff Schwartz, and Andrew Liakopoulos, "Talent Edge 2020: Redrafting Talent Strategies for the Uneven Recovery," Deloitte University Press, January 2012, 1–14; Thomas A. Hemphill and Mark J. Perry, "U.S. Manufacturing and the Skills Crisis," *Wall Street Journal*, February 27, 2012, A13.

9. Steve Lohr, "G.E. Goes With What It Knows: Making Stuff," *New York Times* (Sunday Business), December 5, 2010, 1, 6–7.

10. Jennifer Schramm, "Undereducated," *HR Magazine* (Society for Human Resource Management), September 2011, 136.

11. "ATS Survey Underscores Critical Need for Skilled Workers at U.S. Factories as Baby Boomers Retire," Reuters, March 23, 2011, http://www.reuters.com/article/2011/03/23/idUS158451+23-Mar-2011+PRN20110323.

12. Ben Baden, "Jobs Go Unfulfilled as Skills Fall Flat," *Chicago Tribune*, December 5, 2011, 1, 4.

13. Robert Terry, "Workplaces Must Learn How to Transfer Training," *Financial Times*, December 12, 2011, 11.

14. Quoted in Jane Bird, "Skilled Staff Are Harder to Find than Ever," *Financial Times*, January 26, 2011, 3.

15. "Mid-Market Perspectives: 2012 Report on America's Economic Engine," Deloitte, 2, 40.

16. Quoted in Catherine Rampell, "Companies Spend on Equipment, Workers," *New York Times*, June 10, 2011, A1, A3.

17. John Irons, "Investments as Percentage of GDP," Economic Policy Institute, 2011, 9, http://www.epi.org/publication/11-telling-charts-about-2011-economy/; "Hard Times, Lean Firms," *The Economist*, December 31, 2011, 48; Gillian Tett, "U.S. Companies' Dash for Cash that Heralds Painful Freeze," *Financial Times*, July 13, 2012, 20.

18. Craig Barrett, "Why America Needs to Open Its Doors Wide to Foreign Talent," *Financial Times*, July 31, 2006, 15.

19. Neil G. Ruiz, Jill H. Wilson, and Shyamali Choudhury, "The Search for Skills: Demand for H-1B Immigrant Workers in U.S. Metropolitan Areas," *Brookings Institution Report*, July 18, 2012, http://www.brookings.edu/research/reports/2012/07/18-h1b-visas-labor-immigration; Miriam Jordan, "Slump Sinks Visa Program," *Wall Street Journal*, October 29, 2009, http://online.wsj.com/article/SB125677268735914549.hmtl (accessed July 5, 2011).

20. Alan Beattie, "When is a BRIC not a BRIC? When It's a Victim," *Financial Times*, January 22–23, 2011, 9.

21. John Authors, "BRIC-Like Branding is a Dangerous Path to Take," *Financial Times*, January 22–23, 2011, 18; Martin Wolf, "Big Test for the 'Great Convergence,'" *Financial Times*, October 17, 2007, 13.

22. Sundeep Tucker, "A Bidding War Makes for 'Crazy' Salaries across Asia," *Financial Times*, May 7, 2007, 7; Guy De Jonquires, "Asia Cannot Fill the World's Skills Gap," *Financial Times*, June 13, 2006, 15.

23. Martin Wolf, "How China Should Rule the World," *Financial Times*, March 23, 2010, 11; "Economic Focus-Parallel Economics," *The Economist*, January 1, 2011, 70.

24. Carl E. Walter and Fraser J.T. Howie, *Red Capitalism* (Singapore: John Wiley & Sons (Asia), 2011), 27–29; Jason Dean, Andrew Browne, and Shai Oster, "China's 'State Capitalism' Sparks a Global Backlash," *Wall Street Journal*, November 16, 2010, A1, A18.

25. Chris Patten, "The Life and Soul of the Party," *Financial Times*, May 29, 2010, 13. "Let a Million Flowers Bloom," *The Economist*, March 12, 2011, 79.

26. Quoted in Jamil Anderlini, "Rise of China's Economy Signals Shift in Power," *Financial Times*, August 17, 2010, 2.

27. Yasheng Huang, "Reform the Private Sector," *New York Times*, December 2, 2010, http://www.nytimes.com/roomfordebate.

28. Peter Hessler, *Country Driving* (New York: Harper/Harper Collins Publishers, 2010), 92.

29. David Barboza, "From Low Cost to High Value," *New York Times*, September 16, 2010, B1; Richard Read, "As U.S. Jobs Stagger, China Deals with Labor Shortage," *The Oregonian*, March 6, 2010, http://www.oregonlive.com/business/index.ssf/2010/03/as_us_jobs_stagger.

30. Rahul Jacob and Patti Waldmeir, "Workers Call the Tune in China," *Financial Times*, February 22, 2011, 3; Keith Bradsher, "Chinese Plants Starting to Feel Labor Shortage," *New York Times*, February 27, 2010, A1; Sharon LaFraniere, "As China Ages, Birthrate Policy May Prove Difficult to Reverse," *New York Times*, April 7, 2011, A4, A9.

31. Quoted in "Lack of Talent Stifles Progress," *Eastday*, October 23, 2010, http://english.eastday.com/e/101023/u1a5508241.html.

32. "The Technology Industry: Different Strokes," *The Economist*, October 7, 2006, 72–73; Graeme Maxton, "Not Enough People in China," *The Economist: The World in 2008*, November 15, 2007, 128; Tom Mitchell, "China's 'Workshop of the World' Suffers Acute Labor Shortages," *Financial Times*, February 26, 2010, 1; Lisa Thomas, "Chinese Growth Revives War for Talent," *Financial Times*, March 9, 2010, 2.

33. "Struggle to Retain Staff in China," *Financial Times*, September 1, 2006, 2; Nicolas Timmins, "Employers Suffer Talent Shortages," *Financial Times*, October 20, 2006, 6; "Briefing Manpower—The World of Work," *The Economist*, January 6, 2007, 57–58.

34. Diana Farrell, Martha Laboissiere, Jaeson Rosenfeld, Sascha Sturze, and Fusayo Umezawa, "The Emerging Global Labor Market: Part II—The Supply of Offshore Talent in Services," McKinsey Global Institute, June 2005, 24, http://www.mckinsey.com/mgi/reports/pdfs/emerginggloballabormarket/part2/MGI_supply_fullreport.pdf.

35. Gary Gereffi and Vivek Wadhwa, "Framing the Engineering Outsourcing Debate: Placing the United States on a Level Playing Field with China and India," Duke University School of Engineering, December 2005, 2, 5, 9; Gary Gereffi, Vivek Wadhwa, and Ben Rissing, "Framing the Engineering Outsourcing Debate: Comparing the Quantity and

Quality of Engineering Graduates in the United States, India, and China," Paper prepared for the SASE Conference, Trier, Germany, June 30–July 2, 2006, 13–14.

36. Diana Farrell and Andrew Grant, "Addressing China's Looming Talent Shortage," McKinsey & Company, October 2005, 9.

37. Martin Wolf, "A Colossus with Feet of Clay," *Financial Times*, January 24, 2007, 6.

38. "Talent War in China Intensifies in Face of Surging Consumer Demand," Global Talent Strategy, August 10, 2012, http://globaltalentstrategy.com/en/article/talent-war-in-china-intensifies-in-face-of-surging-consumer-demand-257.

39. Jun Wang, "The Return of the 'Sea Turtles': Reverse Brain Drain to China," *China Daily*, September 27, 2005, http://www.chinadaily.com.cn/english/doc2005–09/27content_481163.htm; Don Lee, "Returning Chinese Find a Tough Market," *Los Angeles Times*, March 5, 2006, C1, C5; "Silicon Valley Deportation Order," *The Economist*, April 28, 2007, 38; "Opening the Doors: A Survey of Talent," *The Economist*, October 7, 2006, 13; "Torn Between the Claims of Two Generations," *Financial Times*, June 9, 2005, 11; Don Lee, "Research Follows Factories to China," *Los Angeles Times*, January 14, 2007, C10; Peter Cochrane, "The Reverse Brain Drain that Fuelled China's Rise," *Financial Times*, May 9, 2007, 2; Sharon LaFraniere, "After a Long Brain Drain, China Is Luring Some Scientists Home," *New York Times*, January 7, 2010, A1, A8; Michael Pettis, "China Has Been Misread by Bulls and Bears Alike," *Financial Times*, February 26, 2010, 11; David Wessel, "China's Economy Faces Three Contradictions," *Wall Street Journal*, June 16, 2011, A15.

40. Ian Johnson, "Wary of Future, Professionals Leave China in Record Numbers," *New York Times*, November 1, 2012, A1, A3; "China Creates New Visa Category to Attract Overseas Talent," Global Talent Strategy, August 10, 2012, http://globaltalentstrategy.com/en/article/china-creates-new-visa-category-to-attract-overseas-talent-256.

41. "China to Nurture 7 New Strategic Industries in 2011–15," Gov.cn, October 27, 2010, http://english.gov.cn/2010–10/27/content_1731802.htm; Xu Liyan and Qiu Jing, "Beyond Factory Floor: China's Plan to Nurture Talent," YaleGlobal Online, September 10, 2012, http://yaleglobal.yale.edu/content/beyond-factory-floor-chinas-plan-nurture-talent.

42. Geoff Dyer, "The Soap Opera of China's Housing Boom," *Financial Times*, July 7, 2010, 9; Geoff Dyer, "Slowing Property Market Tests Beijing's Nerve," *Financial Times*, July 17, 2010, 10; Martin Wolf, "How China Must Change If It Is to Sustain Its Ascent," *Financial Times*, September 22, 2010, 11; George Dyer, "Beijing Urged to Act Over Property Bubble," *Financial Times*, June 1, 2010, 1; Bob Davis, "The Great Property Bubble of China May Be Popping," *Wall Street Journal*, June 9, 2011, A1; Tom Orlik, "China Tallies Local Debt," *Wall Street Journal*, June 28, 2011, A10.

43. Quoted in Jamil Anderlini, "China Told Backlash Is Brewing on Growth," *Financial Times*, December 24, 2010, 2.

44. Jeremy Page, "China Leaders Laud 'Red' Campaign," *Wall Street Journal*, June 20, 2011, A7.

45. Quoted in Paul Beckett, "In India, Doubts Gather over Rising Giant's Course," *Wall Street Journal*, March 30, 2011, A16.

46. Tripti Lahiri, "India Passes 1.2 Billion Mark," *Wall Street Journal*, April 1, 2011, 15; Robyn Meredith, *The Elephant and the Dragon* (New York: W.W. Norton & Company, 2007), 132–133; Amy Yee, "Learning Difficulty," *Financial Times* (Special Report: The New India), May 27, 2009, 31.

47. Geeta Anand, "India Graduates Millions, but Too Few Are Fit to Hire," *Wall Street Journal*, April 5, 2011, A1; Joe Leahy, "Scarcity of U.S. Engineers behind Hiring From India, Says Jobs Group," *Financial Times*, September 2, 2010, 2.

48. “National IT/ITeS Employability Study,” Aspiring Minds, August 2010, 1–4, http://www.aspiringminds.in/docs/National_IT_ITeS_Employability_Study.pdf; “The Engineering Gap,” *The Economist*, January 30, 2010, 76; NASSCOM-Kinsey Report 2005, “Extending India’s Leadership of the Global IT and BPO Industries,” McKinsey Global Institute, 2005, http://www.nasscom.in/upload/10142Mckinsey_study-2005.pdf; “A Bumpier but Freer Road,” *The Economist*, October 2, 2010, 76; Anand, “India Graduates Millions,” A12.

49. Pratham Annual Status of Education Report, 2010, http://images2.asercentre.org/aserrepots/ASER_2010_National_highlights.pdf; Liam Julian, “Subcontinental Divide,” *The Education Gadfly*, January 24, 2008, http://www.edexcellence.net/commentary/education-gadfly-weekly/2008/january-24/subcontinental-divide-1.html; Meredith, *Elephant*, 128, 156; India’s illiteracy is so pervasive that Citigroup rolled out a network of biometric automatic cash machines that will recognize account holder’s thumbprints and have color-coded screen instructions and voiceovers to guide illiterates through transactions. Joe Leahy, “Citigroup Gives India’s Poor a Hand with Thumbprint ATMs,” *Financial Times*, December 3, 2006, 1; Krishna Pokharel, “India Mandates Children Go to School,” *Wall Street Journal*, April 2, 2010, A9; “Reaching the Poorest,” *The Economist*, January 23, 2010, 58; James Lamont, “Roads and Teachers Crucial for Rising Star,” *Financial Times* (Special Report—The World 2011), January 26, 2011, 10.

50. Vikas Bajaj, “Skipping over Rote in Indian Schools,” *New York Times*, February 18, 2011, B1.

51. Yee, “Learning Difficulty,” 32; Amy Kazmin, “Growing Pains as India Rushes into Business Education,” *Financial Times* (Business Education Special Report), September 20, 2010, http://www.ft.com/intl/cms/s/2/189809fe-c0aa-11df-94f9–00144feab49a.html; Anjli Raval, “A Gateway of Opportunity for the Intellectual Elite of India,” *Financial Times*, June 7, 2010, 10; Arlene Chang, “India Moves Ahead with Foreign-School Plan,” *Wall Street Journal*, March 16, 2010, A17; K.N. Panikkar, “India: Foreign Universities Bill Needs to Be Revised,” *University World News*, April 17, 2011, http://www.universityworldnews.com/article.php?story=20110415195834460; “Global Talent Risk—Seven Responses,” World Economic Forum, 2011, 24; James Lamont, “Country Reaches out for Talent and Money,” *Financial Times*, January 20, 2010, 4; Heather Timmons, “Some Indians Find It Tough to Go Home Again,” *New York Times*, November 28, 2009, B2.

52. Quoted in Amy Kazmin, “Search for a Workable Solution,” *Financial Times*, August 31, 2010, 10.

53. Quoted in Amy Kazmin, “Labour to Unlock,” *Financial Times*, October 15, 2010, 11.

54. James Lamont, “Basic Services in Urban India Remain a Work in Progress,” *Financial Times*, October 9, 2010, 2; Leslie Hook and Amy Kazmin, “Indian Workers Are Not Ready to Seize the Baton,” *Financial Times*, September 14, 2010, 2; James Lamont, “India Struggles to Cap Wage Inflation amid Skills Shortage,” *Financial Times*, May 13, 2011, 4; Patrick Barta and Krishna Pokharel, “Megacities Threaten to Choke India,” *Wall Street Journal*, May 13, 2009, A1, A16; “An Elephant, Not a Tiger,” *The Economist* (A Special Report on India), December 13, 2008, 11–12, 18.

55. Quoted in James Lamont and James Fontanella-Khan, “Writing Is on the Wall,” *Financial Times*, March 22, 2011, 7.

56. “A Rotten State,” *The Economist*, March 12, 2011, 18; Heather Timmons, “India Finds Corruption in Fast-Growing Aviation Industry,” *New York Times*, April 24, 2011, 12; Banyan, “The Indian Exception,” *The Economist*, April 2, 2011, 40; Gideon Rachman, “In-

dian Democracy Has an Ugly Side," *Financial Times*, May 9, 2009, 11; "A Million Rupees Now," *The Economist*, March 12, 2011, 47; Banyan, "The Hindu Rate of Self-Deprecation," *The Economist*, April 23, 2011, 47; Gurcharan Das, "India Says No to $80 Toilet Paper," *Wall Street Journal*, September 3–4, 2011, C2.

57. Amy Kazmin, "India Promises Broad Reform to Reduce Graft," *Financial Times*, February 22, 2011, 3; "Fling Wide the Gates," *The Economist*, April 16, 2011, 16.

58. Quoted in Lydia Polgreen, "Turnaround of India State Could Serve as a Model," *New York Times*, April 11, 2010, 5.

59. Martin Wolf, "How India Must Change If It Is to Be an Advanced Economy," *Financial Times*, July 8, 2009, 9; "One More Push," *The Economist*, July 23, 2011, 10; "The Half-Finished Revolution," *The Economist*, July 23, 2011, 59; David Wessel, "The Shifting Demographics Driving Nation's Wealth," *Wall Street Journal*, August 12, 2010, A4; *India 2039: An Affluent Society in One Generation*, Asian Development Bank, 2009, 1–49.

60. "China Philharmonic Orchestra," *Palm Springs Friends of Philharmonic Program*, April 19, 2011, 7–8.

61. Vivek Wadhwa, Anna Lee Saxenian, Richard Freeman, and Alex Salkever, "Losing the World's Best and Brightest: America's New Immigrant Entrepreneurs," Part V, Ewing Marmon Kauffman Foundation, March 2009, 7, http://www.kauffman.ord/uploadedFiles/ResearchAndPolicy/Losing_the_World's_Best_and_Brightest.pdf.

62. Xinhua News Net, March 18, 2010 and March 3, 2011.

63. Quoted in Joe Light, "Movers Pick Up China Business," *Wall Street Journal*, July 5, 2011, B8.

64. Vivek Wadhwa, Sonali Jain, AnnaLee Saxenian, Gary Gereffi, and Huiyao Wang, "The Grass Is Indeed Greener in India and China for Returnee Entrepreneurs, America's New Immigrant Entrepreneurs," Part VI, Kauffman Foundation, April 2011, 5, http://www.kauffman.org/uploaded/grass-is-greener-for-returnee-entrepreneurs.

65. "STEM," Executive Summary, 8.

66. Peter Cappelli, "Bring Back the Organization Man," *Harvard Business Review* (blog), March 15, 2012, http://blogs.hbr.org/cs/2012/03/bring_back_the_organization_ma.html.

67. Quoted in E. J. Dionne, Jr., "This Country Needs a Better Ruling Class," *Desert Sun* (Palm Springs, CA), April 18, 2011, B7.

68. Barack Obama, "Remarks by the President in Back to School Speech in Philadelphia, Pennsylvania," The White House, September 14, 2010, http://www.whitehouse.gov/the-press-office/2010/09/14/remarks-president-back-school-speech-philadelphia-pennsylvania.

第5章

1. Eric A. Hanushek, Paul E. Peterson, and Ludger Woessmann, "Achievement Growth: International and U.S. State Trends in Student Performance," Harvard Kennedy School, July 2012, x, http://www. hks.harvard.edu/pepg/PDF/Papers/PEPG12-03_CatchingUp.pdf.

2. Quoted in "Gates Says Higher Education Is Crucial to Landing Decent Job," *Chicago Tribune*, July 29, 2011, 13.

3. "The Global Competitiveness Index 2012–13: Country Profile Highlights," World Economic Forum, 3, http://www3.weforum.org/docs/CSI/2012–13/GCR_CountryHighlights_2012–13.pdf (accessed November 30, 2012).

4. Peck, *Pinched*, 174.

5. "Education at a Glance 2012: Highlights," OECD, 13, http://www.oecd.org/edu/highlights.pdf (accessed November 30, 2012).

6. "Rising Above the Gathering Storm: Energizing and Employing America for a Bright Economic Future," Executive Summary, National Academy of Sciences, 2007, 1, http://nap.edu/catalog/11463.html.

7. Hanushek, "Achievement Growth," 3–5.

8. Paul E. Peterson, Ludger Woessmann, Eric A. Hanushek, and Carlos X. Lastra-Anadón, "Globally Challenged: Are U.S. Students Ready to Compete?" Harvard Kennedy School, PEPG Report No. 11–03, August 2011, v-viii, http://www.hks.harvard/edu/pepg/PDF/Papers/PEPG11–03_GloballyChallenged.pdf.

9. "Trends in International Math and Science Scores," *Straight A's*, Alliance for Excellent Education, January 14, 2013, 5, http://www.all4ed.org/publication_material/straight_as/01142013#4; Motoko Rich, "U.S. Students Still Lag Globally in Math and Science, Tests Show," *New York Times*, December 11, 2012, A13.

10. Quoted in Erik W. Robelen, "High Achievers Scarce in Math, Science in U.S.," *Education Week*, January 12, 2011, 14.

11. Michael J. Petrilli and Janie Scull, "American Achievement in International Perspective," Thomas B. Fordham Institute, March 2011, 3–14, http://www.edexcellence.net/publications/american-achievement-in.html.

12. "The Economic Impact of the Achievement Gap in America's Schools," McKinsey and Company, Social Sector Office, April 2009, 17, http://mckinseyonsociety.com/downloads/reports/Education/achievement_gap_report.pdf.

13. Ibid. 5.

14. "The Nation's Report Card: Mathematics 2011," National Center for Education Statistics, U.S. Department of Education, 2012, NCES 2012–458, 24, 49; "The Nation's Report Card: Reading 2011," National Center for Education Statistics, U.S. Department of Education, 2012, NCES 2012–457, 23, 52.

15. "Statement by U.S. Secretary Arne Duncan on NSEP Reading and Math 2011 Results," Ed.gov, November 1, 2011, http://www.ed.gov/news/press-releases/statement-us-secretary-education-arne-duncan-naep-reading-and-math-2011-results.

16. "The Nation's Report Card: Science 2009," National Center for Education Statistics, U.S. Department of Education, 2012, NCES 2011–451, 1; "The Nation's Report Card: Science 2011," National Center for Education Statistics, U.S. Department of Education, 2012, NCES 2012–465, 1; Sam Dillon, "Few Students Show Proficiency in Science, Federal Tests Show," *New York Times*, January 26, 2011, A13.

17. "Catching Up to College and Career Readiness," ACT, 2012, 5, http://www.act.org/research/policymakers/pdf/CatchingUpToCCR.pdf.

18. Adeshina Emmanuel, "Those 857 Desks? A Message for the Candidates," *New York Times*, June 21, 2012, A18. The one million dropout figure is based on a seven-hour school day and a 180 day school year; J. D. LaRock, "Education at a Glance: OECD Indicators 2012 United States," September 2012, http://oecd.org/education/CN-UnitedStates.pdf.

19. Lesli A. Maxwell, "States Mull Obama's Call to Raise Compulsory Attendance Age," *Education Week*, February 8, 2012, 18.

20. "Diplomas Count 2012: Trailing Behind, Moving Forward," Press Release of *Education Week*, and Education Research Center, June 7, 2012, http://www.edweek.org/go/dc12.

21. Robert Balfanz, John M. Bridgeland, Mary Bruce, and Joanna Hornig Fox, "Building a Good Nation: Progress and Challenge in Ending the High School Dropout Epidemic," America's Promise Alliance, March 2012, 1–3, http://www.americaspromise.org/our-work/grad-nation/building-a-grad-nation.aspx; George P. Shultz and Eric A. Hanushek, "Education is the Key to a Healthy Economy," *Wall Street Journal*, May 1, 2012, A15.

22. James J. Heckman and Paul A. LaFontaine, "The Declining American High School Graduation Rate: Evidence, Sources, and Consequences," *VOX*, February 13, 2008, http://www.voxeu.org/article/educated-america-college-graduates-and-high-school-dropouts.

23. Caleb Rossiter, "How Washington, D.C., Schools Cheat Their Students Twice," *Wall Street Journal*, December 1, 2012, A13.

24. Christina Theokas, "Shut out of the Military," The Education Trust, December 2010, 1–6. http://www.edtrust.org//sites/edtrust.org/files/publications/files/ASVAP_4.pdf.

25. Quoted in Christine Armario and Dorie Turner, "AP NewsBreak: Nearly 1 in 4 Fails Military Exam," *Seattle Times*, December 21, 2010, http://seattletimes.nwsource.com/html/nationworld/2013729556_apusmilitaryexam.html.

26. "The Condition of College and Career Readiness 2012," ACT, (American College Testing Service), 1–13, http:/www.act.org/research-policy/college-career-readiness-report-2012/; "A First Look at the Common Core and College and Career Readiness," ACT, 2010, 5–7, http://www.act.org/research/policymakers/pdf/FirstLook.pdf; Catherine Gewertz, "More Students Meet ACT's College-Readiness Benchmarks," *Education Week*, August 24, 2011, 8.

27. "SAT Scores 1990–2010," National Center for Education Statistics, U.S. Department of Education, 2011, http://nces.ed.gov/fastfacts/display.asp?id=171; Stephanie Banchero, "SAT Reading, Writing Scores Hit Low," *Wall Street Journal*, September 15, 2011, A2; Lyndsey Layton and Emma Brown, "SAT Reading Scores Hit a Four-Decade Low," *Washington Post*, September 24, 2012, http://www.washingtonpost.com/local/education.

28. "SAT Report: Only 43 Percent of 2012 College-Bound Seniors Are College Ready," College Board, September 24, 2012, http://press.collegeboard.org/releases/2012/sat-report-only-43-peercent-2012-college-bound-seniors-ready.

29. "Saving Now and Saving Later: How High School Reform Can Reduce the Nation's Wasted Remediation Dollars," Alliance for Excellent Education, Issue Brief, May 2011, 1–3, http://www.all4ed.org/files/SavingNowSavingLaterRemediation.pdf.

30. Barton Kunstler, "An Educational Approach for an Era of Profound Technological Change," in *Foresight, Innovation, and Strategy: Toward a Wiser Future*, ed. Cynthia G. Wagner (Bethesda, MD: World Future Society, 2005); Lerman, "Are Skills the Problem?," 68; David Brooks, "The Cognitive Age," *New York Times*, May 2, 2008, http://www.nytimes.com/2008/05/02/opinion/02brooks.html; Gordon, *2010 Meltdown*, 231.

31. James J. Heckman and Dimitriy V. Masterov, "The Productivity Argument for Investing in Young Children," Working Paper 5, Invest in Kids Working Group, Committee for Economic Development, October 4, 2004, 1, http://jenni.uchicago.edu/Invest/.

32. Quoted in Jeremy Greenfield, "Talent Mismatch Drives Unemployment Shift," Tech Job Watch, May 19, 2011, http://it-jobs.fins.com/Articles/SB130582127624517313/Talent-Mismatch-Drives-Unemployment-Shift.

33. Scott Thurm and Pui-Wing Tam, "California's Boom Masks State's Uneven Recovery," *Wall Street Journal*, August 16, 2012, A1, A8.

34. “The Pernicious Job Gap,” *Chicago Tribune*, September 3, 2012, http://articles.chicagotribune.com/2012-09-03/opinion.

35. “The State We’re in 2012,” *Advance Illinois*, November 2012, http://www.advanceillinois.org/filebom/swi_2012/Adv_Ill_Report_Card-Nov12.pdf.

36. Nikki Kalio, “The Softer Side of Manufacturing,” *Insight on Manufacturing*, November 2012, 11.

37. Wendy Kopp, “Chicago Is a Symbol of America’s Education Crisis,” *Financial Times*, September 14, 2012, 9.

第6章

1. Richard Melson, “Editorial Reviews: The 2010 Meltdown,” Cambridge Forecast Group, December 5, 2005, http://www.cambridgeforecast.org/MIDDLEEAST/2010-MELTDOWN.html (accessed April 27, 2008).

2. Edward E. Gordon, “An Unheralded Job Success Story: North Dakota’s Full Employment Strategy,” *Encyclopaedia Britannica Blog*, October 13, 2011, http://www.britannica.com/blogs/2011/10/unheralded-job-success-story-north-dakotas-full-employment-strategy/.

3. Robert D. Putnam, *Bowling Alone: The Collapse and Revival of American Community* (New York: Simon and Schuster, 2000), 287; Gordon, *2010 Meltdown*, 190.

4. Putnam, *Bowling Alone*, 380, 382–384, 389, 393, 397; Fred Siegel, “Twilight of the Left,” review of I *Am the Change: Barack Obama and the Crisis of Liberalism* by Charles R. Kesler, *Wall Street Journal*, September 11, 2012, A11.

5. Randall A. Yagiela, “Accelerate Community Success through Interdependent Leadership,” *Solutions*, November/December 2011, http://www.gettheprofessionaledge.com

6. Robert N. Bellah, Richard Madsen, William M. Sullivan, Ann Swidler, and Steven M. Tipton, *Habits of the Heart, Individualism and Commitment in American Life* (Los Angeles: University of California Press, 1996), 38.

7. “The Tussle for Talent,” *The Economist*, January 8, 2011, 68; Peter Senge, Bryan Smith, Nina Kruschwitz, Joe Laur, and Sara Schley, *The Necessary Revolution: How Individuals and Organizations Are Working Together to Create a Sustainable Workforce* (New York: Doubleday, 2008), 78.

8. Gary Paul Green, “Workforce Development Networks in Rural Areas of the United States,” SR Policy Series, Southern Rural Development Center, September 2003, No. 1, 2, http://sdrc.msstate.edu/publications/other/2003_09_1-workforce.pdf; Todd Greene, “Everything Must Change: Rethinking Workforce Development,” Partners Update, Federal Reserve Bank of Atlanta, March/April 2012, http://www.frbatlanta.org/pubs/partnersupdate/12no2_greene_workforce_development.cfm; Mona Mourshed, Diana Farrell, and Dominic Barton, “Education to Employment: Designing a System that Works,” McKinsey & Company, December 2012, 89, 91–97, http://mckinseyonsociety.com/education-to-employment/report/.

9. Randy Yagiela, “Welcome” (Current News), *Transformation Times News*, January 2013, 1.

10. Author interview with Robert Zettler, May 1, 2012.

11. Richard Hofstadter, *The Age of Reform* (New York: Vintage Books, 1955), 16, 215.

12. Luke Johnson, “Founders: The Public Sector Needs Your Help,” *Financial Times*, January 23, 2013, 10.

13. Author interview with Darcy Bucholz, Executive Director, Boone and Winnebago Counties Workforce Investment Board, May 10, 2011.

14. Author interview with Laurie Preece, Executive Director, Alignment Rockford, September 18, 2012.

15. Joel Kotkin, "The Kids Will Be Alright," *Wall Street Journal*, January 23–24, 2010, W9.

第7章

1. Author interview with Robert Zettler, Workforce Consultant for the Richland County (OH) Commissioners, May 1, 2012.

2. Author interview with Cathie Olsky, March 28, 2012.

3. Author interview with Dale Ward, September 10, 2012; Dale Ward, "Voices Heard," *Santa Ana 2011 Community Guide and Business Directory*, Santa Ana Chamber of Commerce, 21–23; Gordon, *2010 Meltdown*, 109–113; Gordon, *Winning*, 151–153.

4. *OECD Territorial Reviews: The Chicago Tri-State Metropolitan Area, United States* (Paris: OEDC, 2012), 15, 18.

5. "CWICstats Dashboard Report 2nd Quarter 2012," Chicago Workforce Investment Council, 2012, 1, 3. http://www.chapinhall.org/sites/default/files/CWIC%20 Quarterly%Dashboard%Report%202012%20Q2.pdf.

6. Jonathan Rothwell, "Education, Job Openings, and Unemployment in Metropolitan America," Brookings Institution, August 29, 2012, http://www.brookings.edu/research/papers/2012/08/29-education-gap-rothwell.

7. Quoted in Thomas L. Friedman, "A Progressive in the Age of Austerity," *New York Times*, October 6, 2011, 11.

8. Jeff Coen, David Heinzmann, and John Chase, "Emanuel's Push for More Charter Schools in Full Swing," *Chicago Tribune*, September 24, 2012, 1, 8; Gordon, *2010 Meltdown*, 206–207.

9. Gordon, *Winning*, 121; "Driving Innovation in Illinois by Increasing STEM Attainment," *World Business Chicago*, June 2012, http://www.worldbusinesschicago.com/news/illinois-innovation-index-june-2012; "Congratulations Class of 2012," Austin Polytechnical Academy, July 6, 2012, http://austinpolytech.org/congratulations-class-2012; "Austin Manufacturing Training Center," Austin Polytechnical Academy, http://www.austinpolytech.org/austin-manufacturing-training-center (accessed January 2, 2013); Dan Swinney, "The Polytechnical Model of Education," Center for Labor and Community Research, June 21, 2012, http://www.clcr.org/newweb/up-content/uploads/2012/10/polytech-model.pdf.

10. Quoted in "The Next (Regenerative) Industrial Age: The Story of the National Manufacturing Renaissance Campaign," Capital Institute, 2012, 109, http://www.capitalinstitute.org/sites/capitalinstitute.org/files/docs/NMRC-a%(4).pdf.

11. "Instituto Health Science Career Academy Has Grand Opening," *Hispanically Speaking News*, September 26, 2011, http://www.hispanicallyspeakingnews.com/latino-state-news/details/instituto-health-sciences-career-academy-has-grand-opening/10513/; Alex Morales, "Class Now in Session at Instituto's Health Science Career Academy," The Resurrection Project, November 14, 2011, http://www.resurrectionproject.org/news/3163.

12. Quoted in "Mayor Emanuel Announces New Partnership with Five Technology Companies to Create Early College Schools," *Cisco Newsroom*, February 28, 2012, http://

newsroom.cisco.com/press-release-content?type=webcontent&articleId=675883.

13. "John Byrne, "Chicago Touts Partnership with Tech Companies," *Education Week*, March 14, 2012, 12–13; "Early College Science Technology Engineering and Mathematics Schools," Chicago Public Schools, August 29, 2012, http://cps.edu/Pages/ECSS.aspx; "Stem Pathways to College and Careers Schools: A Development Guide," IBM Corporation, 2012, 1–9; Stephanie Banchero, "New York Teams Up with IBM to Reboot a High School," *New York Times*, August 1, 2011, A3.

14. Author interview with Marie Trzupek Lynch, President and CEO, Skills for Chicagoland's Future, April 25, 2013.

15. Kathy Bergen, "Cook County, Chicago Create Jobs Program," *Chicago Tribune*, September 13, 2012, 1–2.

16. Author interview with Maria Hibbs, Workforce Consultant, August 30, 2012; Author interview with Jim Lewis, Chicago Community Trust, September 19, 2012; Author interview with Whitney Smith, Employment Program Director, Joyce Foundation, October 22, 2012.

17. *OECD Territorial Reviews, Chicago Tri-State*, 31.

18. Author interview with John Burnett, President and CEO, and Chris Beach, Director of Operations, Community Education Coalition, Columbus, Indiana, October 11, 2011; Chrissy Alspaugh, "Coalition Puts City on Track, Says Expert," *The Republic* (Columbus, IN), June 9, 2011, A1; Chrissy Alspaugh, "Center to Fuel Local Manufacturing Economy," *The Republic* (Columbus, IN), June 9, 2011, A1; For more information on the Community Education Coalition go to: http://www.educationcoalition.com.

19. Author interview with Joe Fredkone, Instructor, Hennepin Technical College, July 29, 2010; Peter S. Goodman, "After Job Training, Still Scrambling for a Job," *New York Times*, July 19, 2010, A; Find out more about HIRED at http://www.hired.org

20. Quoted in "Jobless Rate Shows Hard Work Paying Off," *Mansfield News Journal*, September 30, 2012, 8A

21. Author interview with Robert Zettler, September 17, 2012, and March 14, 2013.

22. Quoted in Mary Beth Matzek, "Tyrannosaurus Next," *Insight*, September 2012, 28–30, http://www.insightdigital.biz/i/80745/30.

23. James Golembeski, "Workforce Paradox," *Insight on Manufacturing*, September 2012, 17, http://www.insightdigital.biz/i/82845.

24. Quoted in Matzek, "Tyrannosaurus Next," 31.

25. Author interview with Paul Rauscher, October 17, 2011.

26. Richard Ryman, "Mobile Lab Takes Manufacturing Training on the Road," *Green Bay Press—Gazette*, August 27, 2011, http://www.greenbaygazette.com/fdcp/?unique=131 4628192879

27. Rick Barrett, "Marinette Marine Struggles to Attract Young Workers," *Journal Sentinel* (Milwaukee, WI), June 16, 2012, http://www.jsonline.com/business; Author interview with Ann Franz, Strategic Partnership Manager, Northeast Wisconsin Technical College, September 18, 2012.

28. Author interview with Jerry Murphy, September 24, 2012.

29. Author interviews with Vicki Haugen, President andCEO, Vermilion Advantage, January 4, 2012, September 15, 2012, and March 27, 2013; For more information on the Vermilion Advantage, go to http://www.vermilionadvantage.com.

30. Author interview with Ross Meyer, Executive Director, Partners for a Competitive Workforce, September 13, 2012; Mike Boyer, "Factory Careers Are Where It's at," Cincin nati.Com, January 26, 2012, http://news.cincinnati.com/article; Julianna Roche, "A Changing Labor Market," CincyMagazine.Com, December 2011, http://www.cincymagazine.com/ME2/; For more information, see http://www.competitiveworkforce.com.

31. Author interview with Paul Anselmo, President, New Century Careers, September 30, 2012; For more information on New Century Careers, see http://www.ncsquared.com.

32. E-mail message from Dan Fogarty, Human Resources Manager, Schroeder Industries, October 16, 2012.

33. Author interview with Kevin Stolts, President, Talent 2025, October 19, 2012; "An Integrated Talent System for West Michigan," Talent 2025, September 12, 2011, http://talent2025.org/files/documents/misc/TALENT-2025/misc/TALENT-2025-WHITE-PAPER-FULL.pdf; George Erickcek, Brian Pittelko, Bridget Timmeney, and Brad Watts, "Talent 2025 Update Brief: Regional Workforce Demand and System Flows," Upjohn Institute for Employment Research, April 26, 2012.

34. Author interview with Fred Dedrick, Executive Director, National Fund for Workforce Solutions, October 18, 2012; For further information, see http://nfwsolutions.org.

35. Erik W. Robelen, "Funders Set New Round of Support for STEM Teaching," *Education Week*, November 7, 2012, 12.

36. For more information on the Purdue Center for Regional Development, go to http://www.pcrd.purdue.edu.

37. "What the Future Holds for Higher Education in Singapore," Knowledge@SMU (Singapore Management University, September 2011, http://ink.library.smu.edu.sg/ksmu/30; Vivien Stewart, "Singapore: Innovation in Technical Education," Asia Society, January 26, 2012, http://asiasociety.org/benchmarking/singapore-innovation-technical-education.

38. "TIMSS & PIRLS 2011," TIMSS & PIRLS International Study Center, Boston College, December 18, 2012, http://timssandpirls.bc.edu/data-release-2011/pdf/TIMMS-PIRLS-2011-International-Press-Release.pdf.

39. Francesa Froy, "Local Strategies for Developing Workforce Skills," in *Designing Local Skills Strategies*, ed. Francesca Froy, Sylvain Giguére, and Andrea Hofer (Paris: OECD, 2009), 41; "History-Penang Skills Development Centre," Penang Skills Development Centre (PSDC), 2009, http://www.psdc.org.my/html/default.aspx?ID=9&PID=155.

40. Gerrit Wiesmann, "German Companies Set Gold Standard for Apprenticeships," *Financial Times*, July 10, 2012, 4; Eric Westervelt, "The Secret to Germany's Low Youth Unemployment," NPR, April 4, 2012, http://www.npr.org/2012/04/04/149927290/the-secret-to-germanys-low-youth-unemployment; "Apprenticeship Training in Austria—The Dual System," Bundesministerium für Unterricht, Kunst and Kultur, February 23, 2007, http://www.bmukk.gv.at/enfr/school/secon/app.xml; Helena Bachmann, "Who Needs College? The Swiss Opt for Vocational School," TimeWorld, October 4, 2012, http://world.time.com/2012/10/04/who-needs-college-the-swiss-opt-for-vocational-school/; Hilary Steedman, "The State of Apprenticeship in 2010," Centre for Economic Performance, London School of Economics and Political Science, 2010, http://cep.lse.ac.uk/pubs/download/special/cepsp22.pdf.

41. Quoted in Quentin Peel, "Germany Eyes Action on Worker Shortage," *Financial Times*, April 15, 2013, 4,

42. Torben M. Andersen, Nicole Bosch, Anja Deelen, and Rob Euwais, "The Danish Flexicurity Model in the Great Recession," *VOX*, April 8, 2011, http://www.voxeu.org/article/flexicurity-danish-labour-market-model-great-recession; Gordon, *Winning*, 86–87.

43. Anna Moli and Flemming Emil Hansen, "Denmark Split on Opening Door," *Wall Street Journal*, October 11, 2012, A13.

44. Author interviews with George Darte, Walter Sendzik, and Kithio Mwanzia, St. Catharine's, Ontario, Canada, October 19, 2011.

第8章

1. Robert J. Stevens, "Social Engineering," *Wall Street Journal*, April 10, 2006, A12.

2. "The CEOs' Top Priorities," *Wall Street Journal*, November 21, 2011, R2.

3. Matthew Quinn, "CFOs' Wish List," *Wall Street Journal*, June 29, 2012, C8.

4. Ibid; Michael Porter and Jan Rivkin, "What Business Should Do to Restore Competitiveness," *Fortune*, October 15, 2012, http://management.fortune.cnn.com/2012/10/15/porter-rivlin-economy-fix/.

5. Frederick M. Hess and Whitney Downs, "Partnership is a Two-Way Street: What It Takes for Business to Help Drive School Reform," U.S. Chamber of Commerce, Institute for a Competitive Workforce, June 8, 2011, 6, http://icw.uschamber.com/publication/partnership-two-way-street-what-it-takes-business-help-drive-school-reform.

6. Robert J. Gordon, "Is U.S. Economic Growth Over? Faltering Innovation Confronts the Six Headwinds," NBER Working Paper No. 18315; Kenneth Rogoff, "Our Ignorance Will Yield More Crises in Capitalism," *Financial Times*, February 2, 2012, 9.

7. Richard Shediac, Chadi N. Moujaes, and Mazen Ramsay Najjar, "Demographics Are Not Destiny," Strategy+Business, October 31, 2011, 10, http://www.strategy-business.com/article/00091?gko=36862.

8. Andrew Hill, "Business Leaders Focus on Their Staff," *Financial Times*, January 9, 2013, 19.

9. Jennifer Schramm, "Promoting Sustainability," *HR Magazine*, March 2011, 88; Gordon, *Winning*, 131–135.

10. "2012 Talent Shortage Survey," May 2012, Manpower Group,14–15; "Manpower Group—Talent Shortage Survey," May 29, 2012, http://manpowergroup.us/campaigns/talent-shortage-2012; Hal Weitzman and Johanna Kassel, "U.S. Manufacturers Bring Training on to the Production Line," *Financial Times*, August 22, 2012, 2.

11. Lerman, "Are Skills the Problem?," 68; " 2012 Training Industry Report," *Training Magazine*, November/December 2012, 21; There are three other annual training expenditure surveys by the American Society of Training and Development (ASTD), Survey of Employer Provided Training (SEPT), and the National Employer Survey (NES); *Training Magazine* has conducted its Annual Survey for 31 years. It samples businesses with 100 or more employees. It uses a weighted survey designed to be nationally representative, while ASTD unweighted surveys are not. The *Training Magazine* survey is the only one of the four that asked firms about overall training expenditures for multiple years; Kelly S. Mikelson and Demetra Smith Nightingale, *Estimating Public and Private Expenditures on Occupational Training in the United States* (Washington, DC: U.S. Department of Labor Employment and

Training Administration, 2004), 21–25; Becky Yerak, "Sitting Tight on Big Cushions," *Chicago Tribune*, September 25, 2011, 1, 3.

12. Quoted in Michael S. Malone, "How to Avoid a Bonfire of the Humanities," *Wall Street Journal*, October 25, 2012, A24.

13. "Better Skills, Better Jobs, Better Lives: A Strategic Approach to Skills Policies," OECD, May 2012, http://dx.doi.org/10.1787/9789264177338-en.

14. Simon Caulkin, "The Art of Leadership," *FT.COM/ Business Education*, January 2013, 12; Robert W. Goldfarb, "How to Bridge the Hiring Gap," *New York Times*, November 11, 2012, BU9.

15. Gordon, *2010 Meltdown*, 153–154; Gordon, *Winning*, 136–137.

16. Pat Galagan, "Disappearing Act: The Vanishing Corporate Classroom," *T & D*, March 2010, 29–31; Salaman Khan, "The Rise of the Tech-Powered Teacher," *Education Week*, October 3, 2012, 28; Mark Edmundson, "The Trouble with Online Education," *New York Times*, July 20, 2012, A19; Jennifer Hofmann, "Top 10 Challenges of Blended Learning," *Training*, March/April 2011, 12–13; Margery Weinstein, "Is Technology Fulfilling Its Promise?," *Training*, September/October 2011, 32–34; Allison Rossett and James Marshall, "E-Learning: What's Old is New Again," *T & D*, January 2010, 34–38; Edward E. Gordon, Ronald R. Morgan, and Judith A. Ponticell, *Futurework: The Revolution Reshaping American Business* (Westport, CT: Praeger, 1994), 169–192; Best practice training research that offers the practical answers to the who, what, when, where, and how strategies and programs to improve employee training and education throughout an organization; Gordon, *2010 Meltdown*, 154–157.

17. Shaila Dewan, "Working Nonstop to Stay Relevant," *New York Times*, September 22, 2012, B1–B2.

18. Diane Stafford, "Young Achievers Often Short-Timers," *Chicago Tribune*, October 15, 2012, 4; Maria L. Kraimer, Scott E. Seibert, Sandy J. Wayne, Robert C. Liden, and Jesus Bravo, "Antecedents and Outcomes of Organizational Support for Development: The Critical Role of Career Opportunities," *Journal of Applied Psychology*, 96 (May 2011): 485–500.

19. Andrew Hill, "Rethink Required on Graduate Training, *Financial Times*, January 8, 2013, 10.

20. "The Tussle for Talent," *The Economist*, January 8, 2011, 68.

21. Edward E. Gordon, "Human Capital," in *Business: The Ultimate Resourc*, 2nd.ed. (Cambridge, MA: Basic Books, 2006), 142.

22. Jack J. Phillips and Patti P. Phillips, "Confronting CEO Expectations about the Value of Learning," *T & D*, January 2010, 53.

23. Jenny Cermak and Monica McGurk, "Putting a Value on Training," *McKinsey Quarterly*, July 2010, 4–5, http://thecreativeleadershipforum.com/storage/Putting%20A%20Value%20on%20Training.pdf.

24. Rebecca Everett, "Tangible Return on Investment: Integrating Learning to Reach Desired Results," *T & D*, February 2009, 50–53; Gordon, *2010 Meltdown*, 174–176; Gordon, *Winning*, 138–140.

25. Gordon, *Skill Wars*, 75–83.

26. James Manyika, Susan Lund, Byron Auguste, Lenny Mendonca, Tim Welsh, and Sreenivas Ramaswamy, "An Economy that Works: Job Creation and America's Future," McKinsey Global Institute, June, 2011, 8, http;//www.mckinsey.com/insights/mgi/research/

labor_markets/an_economy_that_works_for_us_job_creation.

27. Peter Drucker, *Managing in Turbulent Times* (New York: Harper & Row, 1980), 44.

第9章

1. *Better Skills, Better Jobs, Better Lives.*

2. "Invest in America Alliance," *Intel*, February 23, 2010, http://www.intel.com/pressroom/archive/releases/2010/20100223corp.htm.

3. Gordon, "Human Capital," 142.

4. Thomas A. Kochan, "A Jobs Compact for America's Future," *Harvard Business Review*, March 2012, 1, http://hbr.org/2012/03/a-jobs-compact-for-americas-future/ar/1.

5. Tom Peters, "Manifesto for the New Rules on Human Capital," *Financial Times*, August 27, 2012, 8.

6. Lerman, "Are Skills the Problem?," 70–71.

7. C. Torres, "The Design of Tax Systems Influence Investment in Skills Development," in *Better Skills*, 30.

8. Steven Covey, "Talks about the 8th Habit: Effective Is No Longer Enough," *Training*, February 2005, 18.

9. Carol Corrado, Dan Sichel, and Charles Hutton, "Intangible Capital and Economic Growth," National Bureau of Economic Research Working Paper No, 11948, January 2006, 32–33.

10. Quoted in Robin Harding, "How Analysts Will Add 3 Per Cent to GDP," *Financial Times*, April 22, 2013, 3.

11. Ibid.

12. Gordon, *Skill Wars*, 136–142.

13. Edward E. Gordon, "A New Talent-Investment Metric Is Needed to Advance Technological Leadership and Increase Jobs," *Employment Relations Today* 37 (Fall 2010): 9–10; David McCann, "Human Capital," *CFO Magazine*, March 2011, 34, http://www.cfo.com/article.cfm/14557286; Eric Krell, "The Global Talent Mismatch," *Human Resources*, June 2011, 4–5, http://www.shrm.org/Publications/hrmagazine/EditorialContent/2011/0611/Pages/0611krell.aspx; Edward E. Gordon, "Accounting Change Needed to Address Talent Shortfalls," Web CPA, December 22, 2009, http://www.webcpa.com/news/Accounting-Change-Needed-Address-Talent-Shortfalls-52783-1.html.

14. Corrado, "Intangible Capital," 33.

15. Jonathan Cummings, James Manyika, Lenny Mendonca, Ezra Greenberg, Steven Aronowitz, Rohit Chopra, Katy Elkin, Sreenivas Ramaswamy, Jimmy Soni, and Alllison Watson, "Growth and Competitiveness in the United States: The Role of Its Multinational Companies," McKinsey Global Institute, June 2010, 6–7, http://www.mckinsey.com/insights/americas/growth_and_competitiveness_in_us.

16. Peters, "Manifesto," 8.

17. "Female Power," *The Economist*, January 2, 2010, 49–51; Sylvia Ann Hewlett, "Focus on the Female Talent in the Backyard," *Financial Times*, May 12, 2008, 17; Sue Shellenbarger, "The Mommy Drain: Employers Beef up Perks to Lure New Mothers Back to Work," *Wall Street Journal*, September 28, 2006, D1.

18. David Wessel, "Older Staffers Get Uneasy Embrace," *Wall Street Journal*, May 15, 2008, A2; Erin White, "The New Recruits: Older Workers," *Wall Street Journal*, January 14, 2008, B3; "Retiring Baby Boomers Creating Workforce Talent Shortage," BenefitsLink, June 11, 2007, http:benefitslink.com/pr/detail.php?id=40735; Tamara Erickson, *Retire Retirement: Career Strategies for the Boomer Generation* (Boston: Harvard Business Press, 2008), 1–3, 41–47; Elizabeth Pope, "They Won't Let Me Retire," *AARP Bulletin*, March 2008, 12–13; Diana Farrell, Eric Beinhocker, Ezra Greenberg, Suruchi Shukla, Jonathan Ablett, and Geoffrey Greene, "Talkin' 'Bout My Generation: The Economic Impact of Aging U.S. Baby Boomers," McKinsey Global Institute, June 2008, 17–21, http://www.mckinsey.com/insights/mgi/research/americas/talkin_bout_my_generation; Experience Works is a 40-year-old national nonprofit organization that offers training and employment opportunities for older workers. For more information, see http://www.experienceworks.org or call 866–397–9757.

19. Rex W. Huppke, "Don't Be Afraid to Hire People with Disabilities," *Chicago Tribune*, December 10, 2012, 1, 4; Margery Weinstein, "An Untapped Talent Pool," *Training*, September/October, 2011, 38–40; Amy Merrick, "Erasing 'Un' from 'Unemployable,'" *Wall Street Journal*, August 2, 2007, B1; Joyce Gioia, "Hiring People with Disabilities Makes Business Sense," Herman Trend Alert, January 23, 2008, http://www.herman-group.com/alert/archive_1–23–2008.html; Kevin Hollenbeck and Jean Kimmel, "The Returns to Education and Basic Skills Training for Individuals with Poor Health or Disability," W.E. Upjohn Institute Working Paper 01–72, August 2001, http://ssrn.com/abstract=292230; U.S. Department of Labor, Office, Occupational Health & Safety Administration, News Release, "Employers Gain Access to Database of 2,000 Job Candidates with Disabilities," March 29, 2007, 1, http://ohsonline.com/articles/2007/03/dol-database-lists-2000-job-candidates-with-disabilities.aspx.

20. Dan Bloom, "Employment-Focused Program for Ex-Prisoners," MDRC, July 7, 2006, iii, http://www.mdrc.org/employment-focused-programs-ex-prisoners; Robert K. Elder, "Beyond License Plates," *Chicago Tribune*, May 22, 2007, 1; Paul VanDeCarr, "Call to Action: How Programs in Three Cities Responded to the Prisoner Reentry Crisis," Public/Private Ventures, March, 2007, 1–2, http:/ppv.issuelab.org/resource/call_to_action_how_programs_in_three_cities_responded_to_the_prisoner_reentry_crisis; Steven Greenhouse, "States Help Ex-Inmates Find Jobs," *New York Times*, January 25, 2011, B1, B4; U.S. Department of Labor, Federal Bonding Program, "A Best Practice Guide to Fidelity Bonds: The Power Tool in the Employment Toolbox." For more information, see http://www.bonds4jobs.com or call 800–233–2258; Nicole Lindahl, "Venturing beyond the Gates: Facilitating Successful Reentry with Entrepreneurship," Prisoner Reentry Institute, Summer 2007, 11, http://www.jjay.cuny.edu/VenturingBeyondtheGates.pdf; Amy L. Solomon, Jenny W.L. Osborne, Stefan F. LoBuglio, Jeff Mellow, and Debbie A. Mukamal, "Life after Lockup: Improving Reentry from Jail to the Community," May 2008. (This report features successful programs from many parts of the United States.) http://www.urban.org/UploadedPDF/411660_life_after_lockup.pdf.

21. Paul Rieckhoff, "Solving the Riddle of Veteran Unemployment," *Forbes*, June 22, 2012, http://www.forbes.com/sites/paulrieckhoff/2012/06/22/solving-the-riddle-of-veteran-employment; The website, Career One Stop, sponsored by the U.S. Department of Labor, Employment & Training Administration, offers an online "Military to Civilian Occupation Translator." It helps service members match their military skills and experience to civilian

occupations. It also has links to a wide variety of information resources. See http://www.careerinfonet.org/moc/; For a review of how to expand the talent pool by better training individuals from the populations of U.S. workers cited in endnotes 14–17, see Gordon, *Winning*, 99–112.

22. Arthur Levine, "The Suburban Education Gap," *Wall Street Journal*, November 15, 2012, A19.

23. Peggy Noonan, "Look Ahead with Stoicism and Optimism," *Wall Street Journal*, January 2, 2012, 18.

24. William Bennett, "STEM-Deficient Education Holds Back Nation's Economy," *Detroit Free Press*, February 18, 2013, http://www.freep.com/apps/pbcs.dll/article?AID=2013302180009.

25. "The Great Schools Revolution," *The Economist*, September 17, 2011, 23.

26. Ibid, 24.

27. Ulrich Boser and Lindsay Rosenthal, "Do Schools Challenge Our Students," Center for American Progress, July 10, 2012, 2–4, http://www.americanprogress.org/wp-content/uploads/issues/2012/07/pdf/state_of_education.pdf.

28. "Charting a Better Course," *The Economist*, July 7, 2012, 29;
"Great Schools," 25.

29. "Multiple Choice: Charter School Performance in 16 States," CREDO, June 2009, http://credo.stanford/edu/reports/MULTIPLE_CHOICE_CREDO.pdf.

30. KIPP website, http://www.kipp.org (accessed January 30, 2013).

31. Joel Klein, "New York's Charter Schools Get an A+," *Wall Street Journal*, July 27, 2012, A13.

32. Roland G. Fryer, Jr., "Learning from the Successes and Failures of Charter Schools," Hamilton Project, September 2012, 13–15, http://www.hamiltonproject.org/files/downloads_and_links/THP_Fryer_Charters_DiscPaper.pdf; Extensive research and best practices on high-quality tutoring programs can be found in Edward E. Gordon, Ronald R. Morgan, Charles O'Malley, and Judith Ponticell, *The Tutoring Revolution: Applying Research for Best Practices, Policy Implications, and Student Achievement* (New York: Rowman and Littlefield Education, 2007).

33. Quoted in Jennifer Delgado, "CPS Offers Tips on Boosting Parent Involvement," *Chicago Tribune*, November 19, 2012, 10.

34. "Up to the Challenge: The Role of Career and Technical Education and 21st Century Skills in College and Career Readiness," Association for Career and Technical Education, National Association of State Directors of Career Technical Education Consortium, and Partnership for 21st Century Skills, October 2010, 7–36, http://www.p21.org/storage/documents/CTE_Oct2010.pdf (accessed February 4, 2013); Kenneth B. Hoyt, *Career Education: History and Future* (Tulsa, OK: National Career Development Association, 2005), 23, 25, 150.

35. Philadelphia Academies Inc. website, http://www.academiesinc.org (accessed February 18, 2013); Gordon, *Winning*, 114–115.

36. Author interview with Alice Chute, CART, February 19, 2013;
Gordon, *Winning*, 118–119.

37. Author interview with Sydney Rogers, Executive Director, Alignment Nashville, March 1, 2013; More information is available at http://www.alignmentnashville.org.

38. Author interviews with Thomas Flavin, CEO and President, Coachella Valley Eco-

nomic Partnership, and Sheila Thornton, Council Coordinator, Coachella Valley Economic Partnership, February 20, 2013; Workforce Excellence website, http://smartstudentsgreatjobs.org (accessed February 25, 2013).

39. Don Peck, "Can the Middle Class Be Saved?" *The Atlantic*, September 2011, 72, 76; "National Career Academy Standards of Practice," December 1, 2004, http://www.careeracademies.net/_docs/CAGuide_APPB.pdf (accessed February 4, 2013); Lynn Olson, "Vocational Programs Earn Mixed Revenues, Face Academic Push," *Education Week*, May 24, 2006, 21; Lerman, "Are Skills the Problem?," 61–63; For additional detailed information on CCAs, see the case studies and research information in the following: Gordon, *Winning*, 113–135; Gordon, *2010 Meltdown*, 124–133; Gordon, *Skill Wars*, 213–252.

40. U.S. Department of Labor, Employment and Training Administration, http://www.doleta.gov/OA/data_statistics.cfm (accessed January 21, 2013); Nancy Hoffman, *Schooling in the Workplace* (Cambridge, MA: Harvard Education Press, 2011), 110. An excellent book on global technical education systems; Anthony P. Carnevale, Tamara Jayasundera, and Andrew R. Hanson, "Career and Technical Education: Five Ways That Pay Along the Way to the B.A.," Georgetown University Center on Education and the Workplace, September 2012, 22–26, http://cew.georgetown.edu/ctefiveways/.

41. Chris Bryant, "A German Model Goes Global," *Financial Times*, May 22, 2012, 10.

42. Ibid.

43. Ibid.

44. "Northrup Grumman Shipbuilding," Corporate Voices for Working Families, 2010, http://www.cvworkingfamilies.org/system/files/Northrup+Grumman+EL+Edits.pdf; For more details on the Apprentice School in Newport News, see http://www.apprenticeschool.com/about.html.

45. Tony Proscio, "From Hidden Costs to High Returns," National Network of Sector Partners, 2010, 2, http://www.insightcced.org/uploads/publications/wd/HiddenCosts-HighReturns.pdf.

46. "Great Schools," 25.

47. Michael Barber and Mona Mourshed, "How the World's Best-Performing School Systems Come out on Top," McKinsey & Company, 2007, 16–23, 38, http://mckinseyonsociety.com/downloads/reports/Education/World_School_Systems_Final.pdf; "Lessons from PISA for the United States, Strong Performers and Successful Reformers in Education," (OECD Publishing, 2011), 125–126, http://dx.doi/10.1787/9789264096660-en.

48. Barber and Mourshed, "How the World's Best-Performing School Systems Come out on Top," 20–21; Nam-Hwa Kang and Miyoung Hong, "Achieving Excellence in Teacher Workforce and Equity in Learning Opportunities in South Korea," *Educational Researcher* 37 (May 2008): 202.

49. Barber and Mourshed, "How the World's Best-Performing School Systems Come out on Top," 30–31.

50. Ibid., 34–37.

51. "Ensuring Fair and Reliable Measures of Effective Teaching," MET Project, January 2013, 5, http://metproject.org/downloads/MET_Ensuring_Fair_and_Reliable_Measures_Practioner_Brief.pdf.

52. Raj Chetty, John N. Friedman, and Jonah E. Rockoff, "The Long-Term Impacts of Teachers: Teacher Value-Added and Student Outcomes in Adulthood," National Bureau of Economic Research, December 2011, 5, http://obs.rc.fas.harvard.edu/chetty/value_added.

pdf; Annie Lowrey, "Study Links Good Teachers to Lasting Gains," *New York Times*, January 6, 2012, A1, A14.

53. Quoted in Sir Michael Barber, "Neither Rest nor Tranquility: Education and the American Dream in the 21st Century," WestEd Policy Perspectives, September 15, 2008, 11, http://www.wested.org/online/pubs/pp-09–02.pdf.

第10章

1. H.G. Wells, *An Outline of History* (London: George Newnes, 1920), 1301.
2. David Brooks, "Carpe Diem Nation," *New York Times*, February 12, 2013, A27.
3. John E. Silvia, "Rocky Mountain Summit: July 2012," Wells Fargo Economics Group Special Commentary, August 9, 2012, 5.
4. Ibid; John E. Silvia, "Employment: Continued Hints of Structural Change," Wells Fargo Economics Group Newsletter, February 25, 2013, 1.
5. Jeffrey Sachs, "U.S. Economic Debate Must Move on from the 1930s," *Financial Times*, July 13, 2012, 9.
6. Garry Kasparov and Peter Thiel, "Our Dangerous Illusion of Technological Progress," *Financial Times*, November 9, 2012, 11.
7. Richard Dobbs, Susan Lund, and Anu Madgavkar, "Talent Tensions Ahead: A CEO Briefing," *McKinsey Quarterly*, 1, https://www.mckinseyquarterly.com/Talent_tensions_ahead_A_CEO_briefing_3033.
8. "Employment Trends in the 21st Century," International Center for Peace and Development (ICPD), http://www.icpd.org/employment/Empltrends21century.htm (accessed February 11, 2013).
9. "Global Talent Risk—Seven Responses," 7.
10. Rainer Strack, Jean-Michel Caye, Svend Lassen, Vikram Bhalla, J. Puckett, Ernesto G. Espinosa, Florent Francoeur, and Pieter Haen, "Creating People Advantage 2010," The Boston Consulting Group and World Federation of People Management Associations, September 2010, 17, http://www.aidp/ALLEGATI/FILES/2880.pdf.
11. David Pearce Snyder, "A Rendezvous with Austerity," *The Futurist*, July-August 2009, 44.
12. Quoted in Thomas L. Friedman, "Pass the Books. Hold the Oil," *New York Times*, March 10, 2012, http://www.nytimes.com/2012/03/11/opinion/.
13. David Wessel, "Desperately Seeking Blueprint for Growth," *Wall Street Journal*, August 4, 2011, A4.